पंख...एक भेंट

मूल्य : चार सौ पचास रुपये (Rs. 450.00)

प्रथम संस्करण : 2007
ISBN : 978-81-7028-696-7
Pankh...Ek Bhient (Poetry) by Dr. Kusum Ansal

राजपाल एण्ड सन्ज़, कश्मीरी गेट, दिल्ली-110006

पंख...एक भेंट

डॉ. कुसुम अंसल

राजपाल

लेकिन इस दयार में...

मैंने कविता को आत्मा की खुराक माना है और अनुभव किया है कि कविता चेतना को ऊर्ध्वगामी पंख देकर व्यक्तित्व के लोकतन्त्र में व्यापकता भरती है। वह संकीर्णता से निजात दिलाने का एक जरिया है। वह रचनाकार के एकान्त को परिष्कृत करती है और पाठक के द्वारा समाज में संक्रमण करती हुई सरोकारों से सामाजिकता के असंख्य बिन्दुओं पर ध्यान आकर्षित करती है। कविता चेतना में प्रश्नवाचकता भरती है और जीवनगत बिडम्बनाओं और क्रूरताओं के दृश्य उपस्थित कर ईश्वर तक से सवाल करती है। डॉ॰ कुसुम अंसल की कविताएँ पढ़ते हुए मन को व्यक्ति-व्यक्ति की समानता, बंधनहीनता, व्यक्ति की गरिमा, आपसदारी, वैयक्तिक गरिमा, सामाजिक अंतःकरण और जिम्मेदारी, आत्मसम्मान और बहुलता के खुलेपन के सहज स्वीकार जैसे पहलुओं से गुज़रना होता है तथा तमाम सामाजिक और बैयक्तिक अन्तर्विरोधों का प्रतिबिम्ब करते हुए प्रश्नांकन करते रहना होता है। यह प्रश्नांकन सम्भावनाओं और विकल्पों का बृहत् संसार रचता है। कल्पना की उड़ान से वे पक्षी के पंख से बने कलम के माध्यम से आत्मा के सर्वोच्च तक पहुँचती हैं जहाँ अहम् से चेतना को छुटकारा मिलता है। ध्यान की यात्रा शुरू हो जाती है। एक अजीब किस्म की रुहानियत मन पर तारी होने लगती है। वे मानती भी हैं कि ''जैसे माला के भीतर/पिरोया हुआ है धागा/हमारे आचरण व्यवहार में/अनुस्यूत है ध्यान'' और यह ध्यान भीतर ही भीतर चेतना को बदल देता है, भीतरी अन्धकार के बीच में अनुपम उजाला फूट पड़ता है, एक ऐसा सूर्योदय जिसका कोई अन्त नहीं है।''

कुसुम जी की ऐसी कविताएँ पढ़ता हूँ कि तबीयत रूहानियत की बुलन्दियाँ छूकर पाकीज़गी

का दामन थाम लेती है। विश्वविख्यात उर्दू कवि नासिर काजमी ने अपनी पुस्तक 'ध्यान भाभा' में लिखा है। ''बदलती हुई दुनिया का अकाल और शायरी में शायर का फ़रार एक बहाना था जो अपने समय की आत्मा अपनी अभिव्यक्ति के लिए ढूँढ़ रही थी और आत्मा की सुनाई पड़ने वाली चीख़ें गोया उन ग्रहों-सितारों की चीख़ें हैं जो लगातार परिक्रमा कर रहे हैं।'' डॉ॰ कुसुम अंसल की कविताएँ आत्मा के सय्यारे की आवाज़ है, रूहानियत के आसमान में चक्कर लगाती हुई अभिव्यक्ति के दायरे हैं। इन दायरों को भुना देना कुसुम की कविताओं के साथ नाइंसाफी होगी। नासिर काजमी के ही एक शे'र में अगर कुसुम अंसल की कविता की रूह का ख़ाका खींचना चाहें तो कहना होगा कि :

''लफ़्ज़ों में बोलता है रगे-अस्र का लहू
लिखता है दस्ते-गैब कोई इस किताब में''

कोई अनदेखा हाथ जैसे युग की धमनियों में बहने वाले लहू की स्याही से लफ़्ज़ों में बोलता है वैसे ही कुसुम जी की कविताएँ आत्मा के प्रजातन्त्र में बोलती और उसका चित्र उतारती हैं। इस प्रजातन्त्र में ईश्वर तक से सवाल किए जाते हैं। उनकी एक कविता 'बाँके बिहारी' पढ़ लीजिए तो लगता है वृंदावन अपनी विद्रूपता में साक्षात् सामने खड़ा हो जाता है। कविता एक नाटकीय बिम्ब से शुरू होती है :

''मेरे बाँके बिहारी
अपने पूरे मनोयोग से
रस्सी खेंचते हुए तुम्हारा पंखा हो गयी हूँ मैं
मन्दिर के गर्भगृह में प्रवेश-कर हवा-सी सरसरा रही हूँ।''

कुसुम जी का संबंध रंगमंच से भी रहा है, वे स्वयं अभिनय करती रही हैं इसलिए अच्छी तरह जानती हैं कि नाटकीय अभिव्यक्ति कितनी प्रभावकारी होती है। इस कविता का दृश्य-विधान बांके बिहारी के मंदिर में झले जाते हुए पंखे से बंधी हुई डोर के साथ पंखा हांकने वाले हाथ का आना-जाना साकार कर देता है :

''मैं तुम्हारे इस मंदिर की
कूड़ा बटोरती झाड़ू हो गयी हूँ

बिना ऊपर देखे बटोरती हूँ पैरों तले कुचले फूल...प्रसाद
भूल जाना चाहती हूँ
वह सारे सामूहिक बलात्कार
जो रात के अंधेरे में
यहाँ बैठे धर्म के ठेकेदारों ने
वसूले थे मेरी विधवा देह से''

कुसुम जी के 'तापसी' उपन्यास में वर्णित वृंदावन की विधवाओं का सारा दर्द उनकी इन चन्द पंक्तियों में उभर कर मूर्तिमान हो जाता है। हर कवि की कुछ कविताएँ उसकी पहचान का ज़रिया होती हैं। मैं उनकी इन वृंदावन सम्बन्धी कविताओं को उनकी पहचान के लिए हमेशा याद करना चाहूँगा। शिल्प के सौष्ठव से सम्पन्न ये कविताएँ 'वृंदावन बाँके बिहारी' की आँख तले हो रहे हर तरह के दुराचार को रेखांकित करती हैं। उन कविताओं में कुसुम जी स्त्री विमर्श की चीख-पुकार न मचाते हुए गहराई से विमर्श करती हैं जहाँ स्त्री होने की नियति वैचारिक क्षितिज पर एक नवोन्मेषक दस्तक देने के लिए सन्नद्ध हो जाती हैं। 'हम सब' कविता इसका प्रमाण है जो एक विधवा के खरोचों से भरे दुखते बदन पर फटी साड़ी देख कहती है :–

''जिस्म पर बित्ता भर भी अब तो
जगह नहीं बची है खरोंच से खाली शायद इसलिए बस
बरांडे में धूप कभी नहीं आती।''

एक अजीब किस्म की विरोधाभासी बिम्ब-रचना से कुसुम जी बताती हैं कि सारी देह पर लगता है खिड़कियाँ हैं लेकिन इन खिड़कियों से मन में ऊष्मा और ज्योति भरने वाली धूप कभी नहीं आती। उदासी का अन्धकार छाया रहता है। कुसुम जी की हर कविता दर्शन की दहलीज को छूती हुई चलती है। उनकी एक कविता के शब्द इसकी गवाही के लिए काफी हैं जो कहते हैं :–

''लावा हो या आग
आँसू हो या समुद्र
सब बहता है या जलता है

इसी देह के घनीभूत अँधेरे में
शायद इसलिए कि
हमारे लिए मुक्ति की कोई किरण...
कोई आसमान नहीं है''

कुसुम की अभिव्यक्ति का माध्यम है वृंदावन, मगर अभिप्रेत है वह छटपटाहट जो मनुष्य होने की अपनी गरिमा की तलाश करती है, मुक्ति की किरण ढूँढ़ती है, खुले आसमान को पा लेना चाहती है। इन कविताओं में उनके सामाजिक सरोकार, स्त्री होने के अधिकार, परिवेशगत विकार और विडम्बनाओं के असीम भण्डार बोलते हैं, चेतना पर दस्तक देते हैं। वृंदावन-सम्बन्धी उनकी ये कविताएँ उन्हें इस श्रेणी का कवि घोषित करती हैं जो भाषागत चौहद्दियों से बाहर छिटक कर राष्ट्रीय और अन्तर्राष्ट्रीय स्तर पर रचनाकार के क्षितिज की विराटता का रेखांकन करता है।

अकेलापन हर कवि की नियति होता है। कुसुम जी की कविताओं का बुनियादी स्वर है अकेलापन। यह अकेलापन उनके शब्द-शब्द में पिरोया है जिसके लिए उनकी 'प्रार्थना' है :

''कि यह अकेलापन हमें प्रोत्साहित करे
उस अपूर्व प्राप्ति के लिए
जिसके लिए हम खुशी से जी सकें
और खुशी से मर सकें''

वे जीवन और मृत्यु को विश्लेषित करते हुए निजी विषय का एक नामांकन देती है जो हिन्दी समालोचना के सिद्धान्तों में फिट भले न बैठे, लेकिन मानवीयता का दर्जा ऊँचा रखने की पाठशाला में वह खरा उतरता है। उनका यह मंच उनकी दार्शनिकता में पिरोया हुआ रहता है :

''एक ही काँटा पर्याप्त होता है ज़हर का,
मृत्यु के लिए
एक ही पदचाप पर्याप्त होती है
उन रास्तों पर चलने के लिए

जहाँ से पैर कभी नहीं गुज़रते
एक ही क्षण पर्याप्त होता है
उसके बड़े हो जाने के लिए
परन्तु कभी-कभी उम्र गुज़र जाती है
और लोग हैं कि बड़े नहीं होते।"

एक सच्चाई, एक अनुभूति जो जीवन-भर के चिन्तन का निचोड़ उकेर देती है उनकी इन चन्द पंक्तियों में उभर कर सामने आ जाती है। जीवन का यह दर्शन जीवन के अँधेरों को समझने के बाद आता है, वह मानवीय सच की तलाश का एक हिस्सा है। कुसुम जी इस सच की तलाश में कहती हैं :–

"संसार में रहते जाने पर
मेरे हाथ लगी थी
बस
मोह की मरीचिका
और मैं
जान लेने में लगी रही कि
मोह की वास्तविकता
और वास्तविकता के ऐन्द्रजालिक रूप का
सच क्या है?
और इस उलझन में
लगाव की एक पूरी उम्र गुज़र गयी।"

मानवीय सम्बन्धों में सच की ऐसी तलाश कुसुम जी की कविताओं का वैविध्य सामने लाती है। उनकी कविताओं में राजनीति के दुश्चक्रों की छाया भले न हो, लेकिन मानवीय सम्बन्धों और निकट सम्बन्धियों के मायाजाल का खुलासा जरूर है। यह 'भरे रेगिस्तान की यात्रा' है जिसे वे मानवीय चेतना के साथ जोड़ कर देखती हैं और जो 'सदियों से साथ निभा रही हूँ। अपने सच का सलीब/कँधे पर

लादकर/रेत पर कदम-कदम चली ही जा रही हूँ।' कहने वाली कुसुम जी अपनी इन पंक्तियों से उन बड़े कवियों की श्रेणी में शामिल हो जाती हैं जो समय के साथ, खासकर अपने समय के साथ, हस्तक्षेप करते हुए समयातीत होकर शाश्वतता बिखेरने लगते हैं। उनकी कविताओं में 'एक सुगन्ध उठती है' जो एक रचनाकार की आन्तरिक संरचना से फूटती है ''और सारा का सारा अस्तित्व/ईश्वर हो उठता है।''

ईश्वरत्व की यह अनुभूति उनके अकेलेपन में एक नया आयाम जोड़ती रहती है जो निषेध की दीवारें फाँद कर मूल्यों की रचनात्मक ज़मीन पर नयी पौध उगाती है। अकेलापन आदमी को तोड़ता है, कुसुम जी का अकेलापन कुछ नया रचता है, सोच को संवारता है, जीवन को बल प्रदान करता है। यह बल प्राप्त करते ही 'भय दरवाज़े पर बाहर/चुपचाप खड़ा रह जाएगा/और अकेलेपन के जलावर्त में/उठे तूफान की ध्वनि मन्दिर की घण्टियों में/गुँजरित हो जाएगी/गुनगुनाएगी कोई भक्ति गीत/और जलावर्त की धरती को/पूजा के फूलों से ढंक जाएगी।'

इसे कुसुम जी ने 'अदृश्य सम्बन्ध' कहा है। लेकिन यह 'अदृश्य सम्बन्ध' विद्यमान सब जगह रहता है जो उनकी कविताओं में पूजा की सी पवित्रता भर देता है।

उनकी यह पवित्रता, उनकी यह उदारता उनकी प्रेम की कविताओं में भी विद्यमान रहती है। एक आभा है इन कविताओं में जो कुसुम जी की कविताओं का सच भी है। एक छोटी सी कविता है 'हम' जिसमें आज के व्यस्त और भावना से हीन होते जा रहे जीवन को गहरी-शाब्दिक योजना में पिरोया गया है। कविता है :–

''मैं हर सुबह अपनी खिड़की से
आकाश में टंगे
विदा लेते चाँद को देखती हूँ
पता नहीं क्यों लगता है
वह प्रतीक्षा कर रहा था
मेरे नमन की।

मेरे सिर झुकाते ही
वह एकाएक गायब हो जाता है

वैसे ही, जैसे, तुम मुँह फेर लेते हो मुझसे,
सुबह होते ही।

तभी अचानक आसमान के दूसरे छोर से नज़र चुराता सूरज
उगता है सुनहरी आभा के साथ।''

कुसुम जी नैराश्य के घुटन-भरे कमरे में पाठक को ज़्यादा देर नहीं रहने देतीं। एक नई आभा का विस्तार लेकर आती हैं।

इन कविताओं के पढ़ने से साफ पता चलता है कि कुसुम जी इन्सान के विमल व्यक्तित्व में विश्वास नहीं करतीं। जीवन के सभी आदिम तत्त्वों को समेट, एकीकृत हो जाने वाले व्यक्तित्व की पूर्णता ही उनका अभीष्ट होता है। वे उसी पूर्णता की तलाश का उपक्रम करती हैं, यह उपक्रम वे इस सीमा तक करती हैं कि व्यक्तित्व की सम्पूर्णता में परछाईं को भी सम्मिलित करती हैं और मानती हैं कि व्यक्तित्व का समूचा स्वरूप देखने और जानने के लिए व्यक्तित्व की परछाईं को भी समाहित करके देखना चाहिए।

अपनी परछाईं से एकाकार होकर जीना आसान नहीं होता, क्योंकि परछाईं वस्तु जगत का ठोस अंश नहीं है। लेकिन परछाईं से पीछा भी नहीं छूटता क्योंकि वह धुंध जीने को हर कोई विवश है। यह पहेली जितनी यथार्थ है उतनी ही यथार्थ से परे भी। जहाँ यह लगने लगता है :–

''ऐसा भी लगता है
कुछ नहीं हुआ
ऐसा भी लगता है
बहुत कुछ बदल गया।''

यह स्यात्‌वाद उसी परछाईं की उपस्थिति को दर्ज करता है जिसे स्वयं कुसुम जी कभी अहं के रूप में देखती हैं, कभी व्यक्तित्व की सम्पूर्णता में एक अनिवार्य अवयव के रूप में। उनकी सम्पूर्णता की तलाश इसीलिए बड़ी मोहक लगती है।

कुसुम जी का कथाकार उनकी आत्मपरक कविताओं में देखने को मिलता है। वे मेला देखने जाने की अतीत जीवी मुद्रा में लिखती हैं : ''हमारे छोटे से शहर में/मेला लगता था/मैं बहुत छोटी थी

तब/पर किसी बड़े का हाथ पकड़ कर/यमपुरी नाटक...एक नौटंकी...एक कहानी/देखने चली जाती थी/एक भौंचक्का कुतूहल/ मेरे साथ-साथ चलता था.../हमारे छोटे से शहर में...।'' भाषा की कैसी खूबसूरत मुरकी मारती हैं कुसुम जी, इन पंक्तियों में एक चित्र खड़ा करती हैं और उसके साथ एक 'भौंचक्का कौतूहल' ले आती हैं। मानसिकता को बयान करने के लिए। शब्द की एक नई तस्वीर 'भौंचक्का कौतुहल' उपस्थित कर देता है। उनकी ऐसी कविताएँ अपने में एक विराट गरिमा समेटे हुए चलती हैं जिसे अंग्रेज़ी में 'एपिक ग्रेंजट' कहा गया है—महाकाव्यात्मक उदारता। उनकी 'बग्घीघर', 'मेला', 'बामियान के बुद्ध' जैसी कविताओं में आत्मीयता, मित्रता और वैश्विक वैचारिकता के साथ यही महाकाव्यात्मकता है जो आत्म से अध्यात्म की यात्रा का संकेत करती है।

असल में कुसुम जी की कविताएँ जीवन को झाँकने की ऐसी खिड़की हैं जिनमें जीवन का हर रंग देखने को मिलता है। प्रेम भी, घृणा भी, उपेक्षा भी और आत्मीयता भी। आग भी और चाँद और चाँदनी की शीतलता भी।

जीवन के वैविध्य से उन्होंने दृश्य बटोरे हैं, अपनी कथात्मक अभिव्यक्ति से उन्हें चेतना की पर्तों पर जड़ा है और दार्शनिक ऊखल में डालकर पीसा और छाना है। यह छनकर आया सच ही उनकी कविताओं का ताना-बाना है। मनुष्य की मानसिक स्थितियों का ऐसा बारीक विश्लेषण हिन्दी कविता संसार में विरल है। कुसुम जी की कविताएँ हिन्दी कविता में मित्रता तथा महानता के इसी अन्तराव को भरती हैं। उनमें दार्शनिकता है जो शुष्क दार्शनिकता से बिल्कुल परे है। उनमें बौद्धिकता है लेकिन उसे न पश्चिम के किसी वाद की दीवारों में कैद किया जा सकता है और न भारतीय समालोचना की रूढ़ पद्धति में समेटा जा सकता है। इन कविताओं को संवेदना की शाश्वत समवतता के ज़रिए समझने में आसानी होती है। यह कविता आत्मा की मुस्कराहट का सोपान है, उसकी खुराक है और यही इन कविताओं की शक्ति है। यह एक ऐसा मणिभाव है जो अकेलेपन, दार्शनिकता और उजास के धागों में पिरोया है।

मैं यह भी महसूस करता हूँ कि हिन्दी कविता के मेले और उस पर के रेले में कुसुम जी की कविताओं को अभी सही ढंग से पढ़ा जाना शेष है। इनमें एक बड़ी कविता के सारे लक्षण छिपे हुए हैं 'लेकिन इस दयार में कितना अजनबी है तू''

—कन्हैयालाल नन्दन

अनुक्रम

मेरी कविता	1
वह ज्योति	3
एक भेंट	4
'मैं जो'	8
नव वर्ष—एक	10
नव वर्ष—दो	11
भावचित्र	13
बुद्ध के तीन रूप इस प्रकार हैं	15
बामियान के बुद्ध	17
ऊर्जा	21
वह एक दीया	23
ज़मीर	26
अपने निशान	28
कुछ भी नहीं	30
दर्पण	32
सिगरेट का धुआँ	34
मेरा कमरा	36
आदिवासी जीवन	39
कभी-कभी	41
दो आँखें	42
होली	44
केवल मैं	47
अपनी ज़मीन	48
विश्वास	50
जाने कहाँ	51
गोल घूमता है	53
मेला	58
मेज़ का दराज	64
जीवन एक सागर	68
बस का सफ़र	73
कन्धे का बोझ	83
अनुष्का के नाम	86
नसरीन को	93
बुर्का	97
कश्मीर	102
ताबूत	107

वापसी 109
हनीमून 114
कारगिल 119
सम्मान का दिल 122
मेरे हाथ लगा 125
बचपन 128
खेल 129
बग्घीघर 132
स्वीकृति 136
गुलाब की जंगली बेल 138
केवल मैं 142
मेरा गाँव 148
कहाँ लौटता है कोई 153
भाव-दशा 157
एक प्रहर 159
हम 161
तुम आओगे 163
तुम 166
कमीज़ 169
मैं सोच रही हूँ 170

173 गुफा
176 मेरे जाने के बाद
179 सन्नाटे के प्रश्न
181 सफ़र
182 तनहा
187 वृंदावन-1
190 मेरे बाँके बिहारी
194 वृंदावन-2
196 वृंदावन-3
197 हम सब
199 मेरा वजूद
200 वृंदावन और हम
201 वृंदावन-4
203 वृंदावन की गोपी
204 वृंदावन-5
205 वृंदावन-6
207 खानाबदोश
209 बैताल पच्चीसी
211 मातम
214 मैं ही तो थी
219 विदा का पल
222 धुंध

ओस तुम 224
तितली 227
गुलमोहर 229
आज धूप निकली है 232
चिड़ियों का एक झुण्ड 233
विरूपीकरण 235
वह रास्ता...वह पेड़ 238
रेत पर पैर रखते हुए 243
रेत और मैं 246
अकेलापन—एक 249
250 अकेलापन—दो
251 मेरा होना
253 मेरा पड़ाव
255 अकेलापन गीत है
257 एक सुगन्ध उठती है
259 प्रतिच्छाया
260 रहते जाने पर
262 रेगिस्तान की यात्रा
265 अदृश्य सम्बल
267 तुम्हारे दो चरण
269 प्रार्थना
270 धुआँ

मेरी कविता

एक कविता ऐसे आती है
जैसे कोई बयार...हवा में
खुशबू लिए...झोंका
निर्विकार, निर्विकल्प, निर्बीज
धुँधले बादलों के साथ
उड़ा डालता है अपने ही
कोमल हाथों से
आँखों का सुरमई काजल
आरोपित करता है...
अलमस्त, प्रमुदित, प्रफुल्लित आनन्द
जाने कैसे-कैसे अद्भुत् स्वर
अपने आप में गुनगुनाते स्वर
जिनका रोंआ-रोंआ रोमांचित
नृत्य में लीन...वैसी बयार

जिसका कण-कण
गाता है सारगर्भित गीत

वर्तमान के इस क्षण में
मग्नचित्र मेरी कविता
ऐसे आती है...
जैसे संन्यासी का सहजानन्द
श्लोक सी ऊर्जा
सुवासित...अनहद नाद...

वह ज्योति

जैसा माला के भीतर
पिरोया हुआ है धागा
हमारे आचरण व्यवहार में
अनुस्यूत है ध्यान...
मुझे लगता है
जिस दिन उसे पा लूँगी
बाहर नहीं, भीतर चल पड़ेगी
मेरी चेतना, मेरा अपनापन
सांसारिकता में डूबता मेरा वजूद
मेरे ही भीतरी अन्धकार में
उदित होंगे हज़ारों सूर्य
उसी पल जान पाऊँगी मैं
कि छिपा है मेरे भीतर
सूर्योदय...उजाला...अनुपम
वह ज्योति...
जिसका कोई अस्त नहीं है...

एक भेंट

मेरे कलमदान में
एक पंख है–
लम्बा-चितकबरा-सा पंख
काले-सफेद-भूरे रंगों का पंख।
अनाम कोई पक्षी इसे
मेरी खिड़की के निकट
गिरा गया है
एक भेंट
उस मेघदूत की
मेरे नाम...

पक्षी के फड़फड़ाते अस्तित्व का
परिणाम यह पंख
मेरी कलम बन गया है–

उड़ते हुए विचारों को समेट
कागज़ पर उतारता है।
मेरा पंख
मेरी यात्रा है–
अक्षरों की, शब्दों और पंक्तियों की,
भावनाओं, विचारों की।
पंख के सहारे उड़ रही हूँ...
उस व्योम में
जहाँ काले-सफेद-भूरे जटिल रंग
जीवन के,
फैले हैं...
अनुभव, अविश्वास
खण्डित करते हैं जो मुझे...
परन्तु व्योम के इस खण्ड में

अपने अहम् से उठना होगा।
मुझे
ऊपर और ऊपर
पहुँचना है
जहाँ सर्वोच्च आत्मा है
अहम् मात्र जिसकी
एक अभिव्यक्ति है...
जैसे
पक्षी अभिव्यक्ति है
उस व्यक्तिगत सत्ता की
जो
प्रकृति से
ऊपर उठ चुकी है।

मेघदूत—मेरा पंछी
संसार-बन्धन से मुक्त
त्रिगुणातीत है,
पंख भेंट
दे रहा है
मेरे नाम...
मुक्ति-सन्देश
शृंखलाओं से मुक्ति।
एक पंख
भेंट...मेरे नाम।

‘मैं जो’

मेरी आँखें द्वार हैं
झाँक कर देखें
भीतर उतर जाएँ
नहीं...मैं बन्द नहीं करूँगी
पलकों का द्वार

देखा ना,
मैं जानती थी
अनूठा अनुभव होगा तुम्हें
वर्तुलाकार श्वाँसों में फँसा
मुझमें मेरा अंतस
कोरा...सुच्च...
अन्धकार विहीन

संवेदनशील मेरे इस
झरोखे में
एक ही है छवि
मात्र मेरी...
एकाकी...

वही मैं जो बाहर थी
भीतर भी वही मैं
जी रही हूँ...
एक शाश्वत...

नव वर्ष–एक

अभी तो मैंने पूछा ही था...
मैं कौन हूँ?
क्या हूँ?
कि दरवाज़े पर दस्तक हुई...
मैंने खोला तो
नया साल खड़ा था।
उसने मेरी आँखों के
सवाल पढ़ लिए
और कहा–
तुम बीता हुआ कल हो।

नव वर्ष–दो

शीत, श्वेत चादर ओढ़े
बर्फ के उस विशाल विस्तार में
ठिठुरती कविता
बहुत दिनों बाद
झलक-झलक
खड़ी दिखाई दी।
उसके साथ एक सत्य उजागर हुआ–
विस्मृत, ढंका मेरा सत्य
मेरे दुनियावीपन का।
मैं
उसकी ओर दौड़ती हुई
जाने लगी।
बाँहों में भरकर
कितना रोई...

आँसू
हिम पर गिरकर
तप्त फूलों-से खिल आए।
वह सुप्रभात
अपनेपन में लौट आने का,
मेरे जीवन के नव वर्ष का
प्रभात था।

भावचित्र

जब भी मैंने
अपने एकान्त क्षणों में
प्रार्थना के लिए माथा झुकाया...
अनेक भावचित्र सामने फैल गए।
कुछ प्रश्न थे,
कुछ समाधान।
मैं जानती हूँ,
वह पल...
कुछ धुँधले होते हैं,
मेरे होकर भी मेरे नहीं होते।
मैं भी तो होकर भी,
वहाँ नहीं होती।
पता नहीं कैसी घटना है वह
जो प्रार्थना, जप और मन्त्रों के बीच

कुछ ऐसे उत्तर पकड़ा जाती है
उन प्रश्नों के
जो मेरे मन में
अगरबत्ती के धुएँ-से
घुमड़ तो रहे थे
पर सुगन्ध फैलाने में
असमर्थ थे।

बुद्ध के तीन रूप इस प्रकार हैं

1. निर्वाण काया

2. संभोग काया

3. धर्मकाया...

इनमें पहला रूप आकाशीय है...जिसे साधक, सिद्ध सब ज्ञान लेकर स्थूल से सूक्ष्म में प्रवेश करते समय, ग्रहण करता है। जैसे-जैसे साधक बोधिसत्व मार्ग पर बढ़ता है, वैसे-वैसे वह इस काया में निवास करता है। अपने गन्तव्य तक पहुँच कर भी जब वह उसके फल को त्याग देता है तब वह इस धरती पर सिद्ध की तरह वास करता है और जब उसकी मृत्यु होती है, तब निर्वाण में जाने की बजाय मनुष्य पर दृष्टि रखने के लिए और उसकी रक्षा के निमित्त वह उस गरिमावान शरीर में निवास करता है जो उसने अपने लिए बनाया है और जो मनुष्य की आँखों के लिए अदृश्य है...

'संभोग काया' भी वही है, लेकिन उसमें तीन पूर्णताओं के अतिरिक्त प्रभा जुड़ी रहती है। इन पूर्णताओं में एक है सभी पार्थिव चिन्ताओं का सम्पूर्ण विलोप।

धर्म काया–पूर्ण-बुद्ध के लिए है। वह कोई शरीर तो है नहीं, एक आदर्श श्वांस भर है। चेतना जो जागतिक चेतना में समाविष्ट हो गई है। या आत्मा जो सभी गुणों से रिक्त हो। धर्मकाया होने पर सिद्ध या बुद्ध इस संसार के साथ सभी सम्बन्ध, उसके प्रति सभी विचार त्याग देते हैं। इस प्रकार मनुष्य की सहायता करने के योग्य रहने के लिए सिद्ध, जिन्हें निर्वाण का अधिकार प्राप्त हो सका है, रहस्यवादी भाषा में 'धर्मकाया' का त्याग कर देते हैं। 'संभोग काया' से उसका मात्र परिपूर्ण ज्ञान रख लेते हैं और 'निर्वाण काया' में ही वास करते हैं। बुद्ध अपने अर्हतों के साथ ऐसे ही 'निर्वाण-काया' हैं...मनुष्य जाति के लिए जिनके महान त्याग और बलिदान के कारण उनसे बड़ा और किसी को नहीं समझा जाता।

बामियान में जब भगवान बुद्ध की प्रतिमा को तोड़ा गया तो मेरे संस्कारी मन में गर्द का एक गुबार सरसराने लगा–मुझे लगा अगर बुद्ध के प्रति कुछ न लिखा तो वह गुबार मेरे हृदय से कभी नहीं हटेगा...उन्हीं दिनों लिखी थी यह कविता।

बामियान के बुद्ध

इतिहास साक्षी है...कि...
अफगानिस्तान की उस पर्वतीय गुफा के
पथरीले परिवेश में समाधिस्थ
अपनी ही अस्तित्ववादिता में स्थित
मूर्तिबद्ध मैं अपनी धर्मकाया की निराकारिता में साकार
कुशान राज्य में अब तक,
समय की शाश्वतता में...खड़ा था...
मैं...सिद्धार्थ–तथागत्...बुद्ध

बहुत से यात्री आए जिन्हें मेरी भौतिकता
आकृति, सौन्दर्य, अभिव्यक्ति...चिह्न, लक्षण, अक्स...
किसी रूप से कोई सीधा सरोकार नहीं था...
गुफा के ऊँचे विस्तार...मेरे कद के निकट ठिठककर
माथा नवाँ, अपने लिए, अपनी ही प्रार्थना में, बुदबुदाते
अपनी आदमीयतता को हाथों में उठाए हुए...

आनन्द की खोज में चले गए...
वह नहीं जानते थे...आनन्द के भीतर खाइयाँ हैं...
आनन्द से परे...महापीड़ा की जघन्य जलन
मैं तब शरीर, संभोगकाया की पंचभूतिता
से उठकर...महाजीवन में एकात्म हो गया...

कुछ यात्री आए जिन्हें मेरे 'बामियान' में होने पर...
अविश्वास हुआ, क्योंकि उनके लिए मैं, 'मैं' नहीं था
मेरी स्थानीयता, राजनीतिक वर्चस्व...मेरे अस्तित्व से बड़ा था
वह सब काल और जन-संस्कृतियों की गणनाएँ
उँगलियों पर फैला कर गिनते रहे...
मेरा अस्तित्व उनके लिए ऐतिहासिक अतीत था...
मात्र एक विकेन्द्रियता का प्रतीक

धार्मिक कट्टरता...विधेयवादी शब्द...उनका मुद्दा...
मैं तब उनकी चेतना के ढकोसले से उठकर

अपने विश्वव्यापी परिदृश्य में तपस्यारत हो गया...

कुछ यात्री आए जिन्होंने मुझे धर्म का दावेदार ठहराया
एक जीवन्त यथार्थ का न्यूनीकृत...निर्णय।
मेरी नियति, आम मनुष्य की नियति में बदल गई
जिसमें भविष्य के साथ इतिहास भी शामिल न था
उनका कबाइली खाइयों में छुपा अहंकार
उनके खाली हाथों में कुदाल पकड़ाकर
उन्हें विस्फोटक पदार्थ—बारूद तक ले आया

पत्थर की नन्हीं किरचों में बिखरा मेरा सारतत्व
मैं तब, अपनी वर्तमान स्थिति से परिवर्तित होकर
अपनी दैहिकता से ऊपर उठ चुका था...

वह प्रसन्न थे कि मेरे साथ विशेष
एक धार्मिक भविष्य चूर-चूर हो गया है...

यह संसार मात्र रंगमंच है...वस्तु और विचार
उसके यथार्थ को जानना कहाँ होता है सबके बस में
तभी तो उस अणु-युद्ध में अनेकानेक टुकड़ों में विभाजित
'मैं' 'मैं' कहाँ गया हूँ...'मैं' वहीं तो हूँ...
'बामियान' की खाली गुफा में...जहाँ था...सदा रहूँगा...
अपनी चेतना में...खोखले लोग नहीं जान पाएँगे
मैं तब अपने न होने में समाहित 'निर्वाण काया'
एक निरपेक्ष अनुभवातीत...यथार्थ
अपनी परम शान्तिता में लीन...मुक्त...
महानिर्वाण के कणों में समोहित...
सर्वस्व व्याप्त...महनिर्वाण...
यथार्थ...यथागत...बुद्ध...
'मैं' वहीं तो हूँ।

ऊर्जा

शरीर की समुचित ऊर्जा
वह ऊर्जा
जो जीवन को आगे ले जाए,
अर्थवान होती है।
वही ऊर्जा प्रेम होती है,
वही वास्तविक होती है।

कैसे अनुबन्धन
कि मेरी ऊर्जा
गलत प्रयुक्त हो जाती है।
ब्रह्माण्ड की एक किरण
अनन्त जीवच्छेदक
मेरे शरीर के अकेलेपन को
पूजा के स्थान पर

उड़ाकर
कामुक उत्पीड़न तक ले आती है।
शरीर बस शरीर रहता है,
चेहरा-विहीन जलता हुआ।

क्योंकि अकेली ऊर्जा
अकेली होती है,
भगवान भी चाहे तो
अकेलेपन में
उसकी भी सहभागिता नहीं होती।

वह एक दीया

कुम्हार ने मिट्टी से गढ़ा था
वह एक दीया

बाती और तेल ने मिलकर
उसकी लौ में भरा था उजाला
अपने मिट्टी-मिट्टी अस्तित्व से
उठकर हुआ आस्थावान
वह एक दीया...

उपासक ने भगवान के निकट जलाया
मौलवी ने मज़ार पर
परिवार ने मृत शरीर के निकट जलाया
भक्त ने गंगा की आरती में बहाया
वह एक दीया...

दीये की तो होती नहीं कोई परम्परा
ना ही होता है कोई समुदाय...
कुम्हार की भट्टी में पका था
श्रद्धा की दृष्टि ने दी थी
उसे ज्योति की एक पहचान...
अँधेरे का मार्गदर्शक था
वह एक दीया...

तेल बाती चुक जाने पर
गली के कूड़े के ढेर पर फेंका
टूटी हुई जीवेषण सा।
भारी जूतों ने आते जाते
बेदर्दी से कुचला...
वह एक दीया...

आकृति से आकृतिविहीन
मिट्टी में गई समा मिट्टी...
अस्तित्व से अनस्तित्व की यात्रा
सत्य से असत्य की गाथा...
दुहराता...कराहता...
वह एक दीया... ।

ज़मीर

रेगिस्तान के रेतीले विस्तार में
अपने ऊँट की लगाम थामे
यह राहगीर जाने कब से
चले जा रहा था
मेरा तयशुदा शहरीला रास्ता
जाने कैसे मुझे
रेत के उस बियाबान में ले आया
इससे पहले मैं उससे पूछूँ
भटका हुआ मुसाफिर
हैरानी से देखता हुआ कहने लगा
मुझे तो भटकन ही मिली
सफ़र के नाम पर
रास्ते का सुव्यवस्थित चेहरा
देखे तो उम्र गुज़र गई

तुम अभी-अभी आए हो
दुनिया की दुनियावी भीड़ से
बड़े शहरों की बड़ी रंगीनियों से
दोस्त, सच बताना
तुम्हारे शहर का ज़मीर अभी ज़िन्दा है
या मर गया है?

अपने निशान

एक संसार
जो मेरे ही अनुभवों की
नियति था,
भोगे हुए के प्रति
रेत की तटस्थता में
खो चुका है।
आज मेरे ही विश्वासों का
अतीत के प्रति मरा हुआ
एक नया संसार
निर्मित हो रहा है–
फेनित उद्वेग, उछाह
जो इतना प्रभावशाली है
कि समुद्र पर
अपने निशान

छोड़ सके
क्योंकि अब
मृत्यु की परछाइयाँ
कहीं नहीं हैं।

कुछ भी नहीं

रोज़ सुबह वह चिड़िया
मेरे निकट आती है
परन्तु मेरे हाथ का दाना
कभी नहीं स्वीकारती
पर घास पर पड़े दाने
शौक से चुग जाती है...

मैं लाख पुचकारूँ...मनाऊँ
मेरी बात नहीं सुनती
शायद जानती है
प्रकृति का देय श्रेयस्कर है
मानवीय दान से
प्रकृति का सब कुछ
उसका अधिकार है

मेरा दिया...मान मनुहार...प्रेम
सतही है दिखावा है...

चिड़िया एक एहसास है
कि वास्तव में जिसे
मैं अपनी सम्पत्ति माने बैठी थी
वह मेरी तो कुछ भी नहीं है...
सच यहाँ मेरा अपना तो
कुछ भी नहीं है...कुछ भी नहीं

दर्पण

दर्पण...
तुम्हें दिखाता है
तुम्हारा चेहरा
जैसे का तैसा
सुन्दर या असुन्दर
दर्पण से करता है एक बड़ा खेल
जीवन में जीने के लिए

परन्तु अपनापन देखने हेतु
अपने भीतर कहीं गहरे
देखना होता है...
डूबना होता है
आत्मसात करना होता है
जीवन मन्त्र
पा जाने पर जिसे
जगमग हो जाता है अन्दर बाहर

दर्पण टूटे तो आकृतियाँ
बँट जाती हैं छोटी-छोटी किरचों में
पर रहती हैं कायम
टुकड़ों में बँट कर भी
आसपास यहीं कहीं

परन्तु यदि टूटे विश्वास
जीवन मन्त्र फिसल जाए
आत्मा से, तो,
कुछ भी नहीं बचता
खोखली आकृतियाँ रह भी जाएँ
दर्पण की किरचों से भी महीन
तो उभरता है
अपने भीतर के अन्धकार में...
हाहाकार करता एक शून्य

सिगरेट का धुआँ

कॉकटेल म्यूज़िक,
बुझती हुई सिगरेट, सिगरेट का धुआँ
जीते जाने की उत्सुकता कुछ और नहीं है...
पिघलती हुई माँस-पेशियों का यह संगीत
स्वेदित आँसुओं की बूँद में कँपकँपाता है।
मृत्यु-मैथुनाकांक्षा हावी होती है
तो सपने के कण्ठ में एक गीत
सुगन्ध के झकोरे पर सवार आता है।
इच्छाओं की संकरी गली में ठहरना वर्जित है।
फायर-प्लेस की जलती लकड़ियों की आग
अपनी-सी मौत मर जाती है...
मेरे अन्दर-बाहर जैसे...
शालीनता आकर्षक शॉल-सी लिपटी है...
हो सके तो, ओ मेरी घुटनों चलती इच्छाओ,

जाओ...घुटनों चलती ही सूर्य को छू आओ...
यहाँ तो कॉकटेल म्यूज़िक...
बुझती सिगरेट...सिगरेट का धुआँ
बस...और कुछ नहीं है...

मेरा कमरा

मैं हूँ, मेरी मेज़ और मेरे सामने
अलमारी के शीशे में...
पुस्तकों के मध्य उलझी
एक फीकी, धूमिल सी परछाईं
जिसे मैंने पहले कभी नहीं देखा...

इसी कमरे के ठीक विपरीत
क्रान्तिकारी उपलब्धियों से अटा
साँस ले रहा है एक पूरा संसार...
एक पूरा का पूरा अस्तित्व...अनस्तित्व
जाने क्या...बहुत कुछ...अनन्त अपार...

मैं आती हूँ जाती हूँ इस कमरे से...
परन्तु रह जाती है वह परछाईं

अपनी अतटस्थता में तटस्थ...
अब जब मैंने उसे देख लिया है
तो पूछना चाहती हूँ...कौन हो तुम
क्यों रहती हो मेरे इस कमरे में?
वह उसी तरह पुस्तकों में गुंथी समाई
कहने लगी...यह पुस्तकें...इनका मूल
तात्त्विकता, प्रतिपादित होकर
मुझमें समाना चाहती है...
तुम ही...मुझे भूल जाती हो...
मैं और तुम...तुम और मैं यहीं तो रहते हैं।
इसी कमरे में दिन-रात।

उस ईमानदारी से, जिसकी जेब में कुछ न हो
हाथ भी हों चाहे खाली के खाली...

परन्तु मन...अपना अपनापन, सारतत्त्व
प्रवेश कर जाए शुद्ध किसी शाश्वतता में
ताकि हम सभी मूल्य आत्मसात करके
आदमतत्वों को समेट हो जाएँ...
एक, व्यक्तिकृत...व्यक्ति...
पूरा का पूरा इन्सान आदमी...

आदिवासी जीवन

जंगलों के आदिवासी
एक अनछुई आदिम कौम
उनका जीवन शास्त्र
भूख से भूख तक,
केवल अनाज से अनाज तक, सीमित
प्रकृति से जुड़े नियमों तक सोच
आस्था तर्क नहीं करती।

पके अनाज सी फुटाव देती है
आखेट खेलती, पत्थर रगड़कर
अपने को प्रज्वलित करती आग
बुझती है फिर जलती है
वैज्ञानिक सभ्यता का निर्माण
उन तक नहीं पहुँचा है अब तक

तभी तो
वर्तुलाकार है जीवन दृष्टि
प्रकृति से प्रकृति तक ठहरी हुई
निर्दोष है उनका चिन्तन
और निर्दोषता तर्क नहीं करती

आज के नाटकीय क्रिया-कलापों में
मशीनी युग का अमानवीय नियतिवाद
क्षण-क्षण बदलती पृष्ठभूमि पर
आश्चर्यमय जागरूकता पकड़ाता
आदिवासी जीवन...सुच्चा विश्लेषण...आत्मज्ञान

कभी-कभी

एक ही शब्द पर्याप्त होता है विद्धिप्तता
प्राप्त कर लेने के लिए
एक ही काँटा पर्याप्त होता है ज़हर का
मृत्यु के लिए
एक ही पदचाप पर्याप्त होती है
उन रास्तों पर चलने के लिए
जहाँ से पैर कभी नहीं गुज़रते...
एक ही क्षण पर्याप्त होता है
उम्र के बड़े हो जाने के लिए
परन्तु कभी-कभी उम्र गुज़र जाती है
और लोग हैं कि बड़े नहीं होते...

दो आँखें

उसकी दो फटी आँखें
मुझे हर समय घूरती हैं
उसका खाली हाथ
हर समय फैला रहता है
हर समय लहू रिसता है
उसके पैरों से...

क्या करूँ...उन आँखों का
जिनके सपने टूट-टूट कर
बिखर चुके
हाथ जिनमें लकीरें होती हैं
भाग्य, प्रेम या सुख की
खुरच कर, मिटा दी गई हैं...

उसके पैर जिन रास्तों से गुज़रते हैं
वहाँ कुछ और नहीं
किरचें हैं नुकीलें पत्थर हैं
जो आपकी भाषा में
कहे जाते हैं रिश्तेदार...
अपने...निकट सम्बन्धी–

होली

रात भर की बारिश...धुला आँगन बगीचा
साफ सुथरी...निखरती सुबह
बादलों पर निखार...हवा में नमी
फूलों पर रंगों का ज्वार...पूर्णयौवना वसन्त
इठलाता...झूमता...खेल रहा था होली
घास पर भागते बच्चों की निर्दोष हँसी
वातावरण की अभिन्नता में सम्मोहित रंगीनी
वायु समर्पित आकाश...और आकाश...प्रकृति...
उनकी अपनी थी जैसी अनूठी ठिठोली

जाने क्यों लगा मुझे...
कँपकपा रहे थे दूर्वादल के पतले शरीर
डालियों के पत्तों पर भी टिका था एक आँसू
परेशानियाँ आलोड़ित थी मन में...

फूलों की सतरंगी होली भी मौन थी...
बच्चों की भोली हँसी अनदेखा किए...
सारा परिवेश...गहरी सोच में डूब गया था जैसे...
अचानक...समय के उस पल में...

दफ्तरों बाज़ारों से आते स्त्री-पुरुष
अपनी उलझनों में घिरे अनिर्भिग्य...
अकेली विदा लेती थकी होली...
चुपचाप...चली जा रही थी मुँह मोड़े...
उलझनें परेशानियाँ...डूबती शाम
सूचना भर है जीवन में आए रूपान्तरण की...

उदासी की सियाह चादर चेष्टा है
ओढ़ लेगा जिसे संसार...पहला कदम है,

पत्ते का प्रेम फूँक मार उड़ जाएगा, यात्रा है।
सूखेंगे फूल झर जाएँगे पत्ते...समर्पण है
प्रकृति का प्रकृति के लिए सम्मोहित होना...संकल्प है
दबे पाँव आएगा पतझड़...सूचना है...
सारा बाहरी परिवर्तन...होली का पलायन...त्याग है...

वास्तविक होली तो...रंगों से दूर
विदा लेती शरद ऋतु की तरह
जीवन के उस पार...रात की सियाही, पतझड़ से कहीं दूर
बहुत दूर चले जाने की कला है...
जहाँ उतरा था बुद्ध के जीवन में प्रेम...
अहो भाव...आनन्द...निर्वाण

केवल मैं

हैरानी से भरी मैं, देख रही थी
चेहरे पै चेहरा लगाए रिश्तेदारों के क़द
जो कभी मेरे दरवाज़े से बड़े हो जाते,
और कभी छोटे...
उनकी भीड़ में खड़ी मैं, कद्दावर मैं,
केवल मैं, रह जाती हूँ...वैसी की वैसी...

दिखावे की हँसी हँसती भीड़ में
बतियाती मैं...केवल मैं
रिसते घाव जी रही थी जैसे
बाहरी संसार से टूट रहा था तादात्म्य मेरा
क्योंकि मेरे अपने अपनेपन में
औरों की तरह...कुछ नहीं बदलता
मैं, केवल मैं, रह जाती हूँ...वैसी की वैसी...
जैसी थी वैसी

अपनी ज़मीन

उसने पतंग को पकड़ा है
और मैंने ज़िन्दगी को।
वह आकाश छूना चाहता है
और मेरे कदम धरती पर गड़े हैं।
मैं रुकी हूँ अतीत के द्वार पर,
वह वर्तमान से भी आगे निकल गया है—
गति, बस गति...
और मैं अवरोध का पल बन गई हूँ।
शायद वह समझ गया है कि
मैं वह डोर नहीं
जो हवा में लहराती है,
जिसे कोई भी थाम
काट कर धकिया ले।
मैं तो बस,

एक दृढ़ सत्य-सी
अपनी ज़मीन पर ही
जमी खड़ी हूँ।

विश्वास

विचार हमेशा मेरे मन में
दस्तक देते हैं,
एहसास दिलाते हैं कि मैं हूँ।
मुझे भी यही लगता है
कि मैं हूँ,
अभौतिक-सा एक विचार
या एक इच्छाशक्ति।
और मेरी भौतिकता
मात्र झूठ है जो सत्य लगती है।
जीवन एक भ्रान्ति है—
जीवन के सत्य के प्रति।
मृत्यु भ्रांति है—
मृत्यु के सत्य के प्रति।
और हम है कि
अपने अस्तित्वमय होने पर विश्वास किए
जिए जा रहे हैं।

जाने कहाँ

शब्द जाल है
रास्ते बहुत-से हैं
परन्तु बड़ा है
पगडण्डियों का सफ़र।

जाने कहाँ ले जा रहा है,
जाने कहाँ ले जाएगा।

जब भी मञ्जिल तक
जाने को उठती हूँ,
पगडण्डियाँ जाल फैलाकर
उलझाती हैं।
जाल सुलझाते पाँव
जितना भी सतर्क हों

न तो जाल का सुलझाव है
न ही अहंकार का कोई तर्क।

शब्द जब भी अर्थवान होते हैं,
सत्य की अनुगूँज बन जाते हैं।
पगडण्डियाँ समर्पण में ढलती हैं
तो सफ़र
वहीं ले जाता है जहाँ जाना है।
जहाँ पुरुषत्व अहंकार से
मुक्त कदम उठाता है
वह रास्ता
जाने कहाँ ले जा रहा है
जाने कहाँ ले जाएगा।

गोल घूमता है

मुझे चर्च के गहरे सन्नाटे में
चुपचाप बैठे रह जाना
अच्छा लगता है...

प्रार्थनाओं में लिपटे खम्भे
छतों के रंगीन चित्रों की ओर
इंगित करते हुए
बताते हैं मुझे
जीवन सीधा रास्ता नहीं है
जीवन चक्र है
सच की धुरी पर
गोल घूमता है...

मरियम का शिशु
और उसके निकट
क्या? वह जो, घुटनों पर
झुका बैठा है
पिता न होकर भी
पिता है...
भगवान हुए ईसा का
कौन-सा सच ?
वह चक्र...जो
गोल घूमता है...

मरियम का शिशु,
और उसके आसपास
आदर्शवादी मुद्रा में

लहलहाते नन्हें परिंदों से
परियों के पुत्र
और, धर्म पुस्तक बाँचते
चिंतामग्न पादरी...
चुपचाप बैठे हैं।
गोदी से उठ नन्हा शिशु
यातनाओं के शिविर में
कदम-कदम चलता है
उसके सिर के पीछे
उज्ज्वलित चक्र...
गोल घूमता है...

मरियम की गोदी में
कील ठुकी प्रतिमा से उतर

ईसा का कमज़ोर अस्तित्व
मृत्यु और मृत्यु से उठ आने के मध्य
बेबस और लाचार लगता है
परन्तु...
चेहरे पर
दर्द नहीं, उज्ज्वलता है–
मनुष्य के मनुष्यत्व,
उसकी क्रूरता के मध्य
ईश्वरीय क्षमा का
वह चक्र...तब भी
गोल घूमता है।

मेरे सूख आए गले
और डबडबाती आँखों में

कठिनाइयों का एहसास
याद दिलाता है
गीता में वर्णित
भगवान कृष्ण के
खुले मुखारविन्द में
समाती...विलीन होती
वीभत्सता में घुलती सांसारिकता
जो संसार शुरू होने से
अब तक
चर्च से उठकर मन्दिर तक
सौगात है यह
संसार-चक्र
जो...हर स्थिति में
गोल घूमता है।

मेला

हमारे छोटे से शहर में मेला लगता था
मैं बहुत छोटी थी तब
पर किसी बड़े का हाथ पकड़कर
यमपुरी नाटक...एक नौटंकी...एक कहानी
देखने चली जाती थी...
एक भौंचक्का कौतूहल मेरे साथ-साथ चलता था
हमारे छोटे से शहर में मेला लगता था...

लकड़ी की रंग-बिरंगी स्टेज पर
एक बदसूरत बौना कूल्हे मटकाकर नाचता था
उसके कन्धों पर बैठा कबूतर गुटरगूँ गाता था
मन्त्रमुग्ध भोली जनता को इशारों से बुलाता था
हमारे छोटे से शहर में मेला लगता था...

हम सब चवन्नी का टिकट लेकर
फटी टाट पर आराम से बैठकर

मूँगफली चबाते परन्तु मन नाटक की
रहस्यभरी अजीबोगरीब दुनिया में खो जाता था
हमारे छोटे से शहर में मेला लगता था...

हमारे देखते-देखते कुबड़ा बौना वेश बदल
मुस्तैदी से रंगमंच पर उतर भाषण देता था...
''भगवान क्या, स्वर्ग क्या है मैं नहीं जानता...
परन्तु नरक में क्या सज़ाएँ भोगता है मनुष्य
मरने पर क्या होता है समझाता था...
हमारे छोटे से शहर में मेला लगता था...

झूठ बोलने वाले की सज़ा वह कहता
नरक में उसे दीवार में चुनवाया जाता था...
धोखा देने वाले पाखण्डी की सज़ा...सज़ाए मौत
उसे चक्की में पिसवाया जाता था...
बीड़ी पीने की सज़ा...मंच का पुतला सीटी बजाता

फिर गर्म तेल के कड़ाहे में उबाला जाता था
सारा मंच दर्द की कराह से सरसराता था
सूत्रधार बना बौना जीवन के कर्मफल समझाता था...
हमारे छोटे से शहर में मेला लगता था...

मंच पर औरत की पुतली लाकर
उसे बेवफ़ा, विश्वासघातिनी ठहराकर
उसे नंगा करके तेज़ दराँते वाले आरे से
बेहूदगी से, दो यमदूतों से कटवाता था...
दो टुकड़ों में विभाजित औरत का शरीर
मंच पर कटे पेड़-सा बिखर जाता था
हमारे छोटे से शहर में मेला लगता था...

मैं फटी आँखों से देखती...औरत का चेहरा
न शर्मिन्दा होता...न ही दर्द से चीखता था
ताली बजाते उल्लसित दर्शकों के हजूम से

एक औरत उठती, चिल्लाकर कहती
और बेवफ़ा मर्द...जो रोज़ औरत बदले
उसे क्या देते हो सज़ा ये भी तो बतलाना था
मार के बैठा देते लोग उसे
हमारे छोटे से शहर में मेला लगता था...

बौना ही-ही करके हँसता...चीखता
आदमी को हक है जो भी करे
तेरी इतनी हिम्मत उँगली उठाए मर्द पर
कटी हुई औरत के कटे होंठ तड़पकर बोले थे
हर मर्द अपनी क्रूरता हम पर थोप मर्दानगी के नाम पर
हमेशा की तरह औरत को ही दोषी ठहराया था...
हमारे छोटे से शहर में मेला लगता था...

गुस्से से तड़पकर वह बौना
कन्धों पर बैठे कबूतर की गर्दन मरोड़कर

लाल-लाल खून स्टेज पर बहाता था
फड़फड़ाता कबूतर कटी हुई औरत के जिस्म पर
अपने नन्हे प्राण त्याग देता था
मृत्यु के उस पल में भय उसकी आँखों में जमा होता था
हमारे छोटे से शहर में मेला लगता था...

ही-ही करती जनता स्तब्ध...
सोचने को विवश हो जाती थी
अच्छे-बुरे कर्मों की वास्तविकता
मनुष्यत्व का लेखा-जोखा, परख
सच्चाई का दावेदार बना न्यायाधीश
कुबड़ा बौना अश्लीलता से समझाता था...
हमारे छोटे-से शहर में मेला लगता था...

वह तब नौटंकी थी मेरे लिए
आज एक आत्म-विश्लेषण का पल है

यथार्थ सच इतने अदृश्य होते हैं क्या
कोरी आँखों से न देखे जाकर
रंगमंचों पर दर्शाए जाते हैं...
तो क्या कुछ भी नहीं बदला
कोई नीह उद्दा...मर्मज्ञ, ज्ञानी...
जो कुबड़ेपन से उठकर कद्दावर बनता...
या सवार है आज भी अदृश्य कोई बौना
सूत्रधार बनकर जो आदमी की आदमीयत को कुचल
निरपराध निश्चय गढ़ता था...
बेकसूर कबूतर निरपराध औरत की कुर्बानी चढ़ाता
पहले जैसे अश्लील हँसी...ज़माना आज भी है बिखेरता...
हमारे छोटे से शहर में मेला लगता था...

तब से अब तक वह मेला...मेरे अवचेतन मन में...
बार-बार लगता था...
हमारे छोटे से शहर में मेला लगता था।

मेज़ का दराज

अजीब है यह मेज़ का दराज
रिज़र्वायर...खज़ाना है जैसे
भरा पड़ा है अनेकानेक वस्तुओं से
अगर खोल बैठी तो...अचानक...
कुछ न कुछ आकारभूत होकर...
अगति को गति से भर देता है
मेरे हाथ अपने आप काम में जुट जाते हैं
खोजते हैं, तलाशते हैं...इस अद्‌भुत संग्रहालय में
गर्द तले दबी, स्मृतियाँ...चिट्ठियों में बन्द
तह दर तह, वायदे...क़समें...तारीखें...
यहाँ सँभला हुआ है रूठा इतिहास, अतीत, पुरानापन...
जैसे यह दराज...घर का बुज़ुर्ग है...बड़ा सयाना...

यह दराज जैसे एक नाव है
खे रहा है जाने कब से...सुख-दुःख, जीवन-मरण

तभी तो तारीखों को गिनाते भरे पड़े हैं...
निमन्त्रण पत्र, विवाह के, जन्म या अन्नप्राशन के...
कोनाकटे पोस्टकार्ड, मृत्यु के सन्देशवाहक...
इसमें सवार हैं वर्तमान भी...घटित होता आज
जो गहरे डूब नहीं पाएगा...शायद नहीं...
क्योंकि सशक्त है आज का पल...
यह नाव, यह दराज, खुलते ही...
उँगलियों की तरलता में तैर जाती है...
जोड़ती है, भूत, भविष्य, वर्तमान...
जैसे यह दराज...एक अद्‌भुत जुड़ाव है समय का...

यह दराज जैसे खोया एक विश्वास है
अगर सोच में पड़ जाऊँ
और संकल्प ले लूँ...तो, समूची दिशाएँ

अपने-आप वाष्पीभूत हो मिट जाएँगी
और शेष रहेगी, वही वास्तविकता
जिस पर मुझे चलना था, आगे जाना था...
क्योंकि प्रगति हर मनुष्य का संकल्प ही नहीं...
उसका संसार है...
जैसे ये दराज मेरा संसार बन बैठा है...

यह दराज जैसे एक पूजास्थल है
हाथों से टकराते ही जाप की माला
मेरे भीतर एक अनुगूँज जगाती है
मन्त्र होंठों से फिसलकर उँगलियों में
थरथराने लगते हैं
दराज जैसे निर्वाण है उन उलझनों का
जिन्हें मिटाते...सबूत हाथ लग गए थे
या उन सुख-दुःख के पलों का

जो बेवक़्त पलकों पर छा गए थे...
दराज जाने कैसे उत्तर देता है...
'मैं कौन हूँ' जैसे मेरे प्रश्नों का
जैसे यह दराज, दराज नहीं...कोई आध्यात्मिक गुरु है...

यह दराज एक इशारा है जैसे...
या, अनुभव की एक किरण...
जिसके सहारे जा पहुँचती हूँ उपलब्धियों के सूरज तक
अचानक अनुभव होता है मुझे...जैसे मैं, मेरा शरीर
किरण पर सवार कोई यन्त्र नहीं, स्पंदन है...
जीवन से मृत्यु का सफ़र तय करता हुआ...
या दराज आलोक है...ज़िन्दगी के कच्चे चिट्ठों का...
जो मेरी बहिर्यात्रा को अन्तर्यात्रा में ढालता है।
जैसे दराज तिजोरी है अनंतता की...
पूर्णता है...मेरे अस्तित्व...मेरे होने की...

जीवन एक सागर

जीवन एक सागर
प्यार का सागर
इक द्वीप न्यारा
जीवन के सागर में ओ...
जीवन इक सागर
प्यार है प्यारा
इक द्वीप न्यारा
जीवन के सागर में...ओ...

जीवन इक सागर
प्यार है प्यारा
जीवन इक सागर
मन है कोलम्बस

चेतना का कम्पस
यौवन की नैय्या
चाहत खिवइया...
खोजता द्वीप न्यारा
प्यार का प्यारा
जीवन के सागर में...
जीवन इक सागर
लालसा की लहरें
आहटों की आँधी
ज़ख्मों के पहरे हैं
शिकवों की शादी
प्रेरणा के पाल में
पवन पुरवईया

खोजता द्वीप न्यारा...
प्यार का प्यारा
जीवन इक सागर
प्यार का ये द्वीप तो
था, है, रहेगा
लेकिन कहाँ था
कहाँ है...या होगा
ये न कोई जाने
पर सभी जाने
द्वीप है न्यारा
प्यार का प्यारा
जीवन के सागर में

जीवन इक सागर
घुटन के घेरे में
घुट-घुट कर जीकर
नसीहत के नमकीन
पसीने को पीकर
ना उबरता ना डूबता
मन (चेतना) का कोलम्बस
भारत ना पहुँच कर
अमरीका पहुँचता
ऐसा ही होता है
तन-मन को खोता है
जब प्यार के प्यारे
आ टिकते आखिर

कर्तव्य के किनारे
जीवन के सागर में...
जीवन इक सागर
जीवन इक सागर...

बस का सफ़र

धड़कते दिल से चले थे
अफवाहों के ढेर सारे असबाब के साथ
गठरियों में बँधा था सीला हुआ पुरानापन
माथे पर डर पसीने-सा चिपका था
और...उत्सुकता काँपती उँगलियों में।
अजीबोगरीब था सफ़र...
मानव-यथार्थ-सी वातानुकूलित उस बस का
जिसका कोई यात्री अजनबी नहीं था
और सबके मन के भाव...एक जैसे थे
क्रान्तिकारी दर्शन, अनुभवजन्य मूल्यों
अधिकारों को अपने भीतर दोहराते हुए
जिनकी खातिर ताउम्र लड़े तो
पर जिसे कोई भी अहंवादी दार्शनिक...
मानवीय स्वतन्त्रता का, अपने स्व का

सिद्धान्त नहीं दे पाया...
अस्पष्ट वास्तविकता...अधकचरे नियम
हिन्दुस्तान से पाकिस्तान तक...
यूँ शुरू हुआ...बस का सफर...

हम सब चुप थे...अपनी स्मृतियों के कुहासे में गुम
वह सभी नाम दोहरा रहे थे...
जिनसे जुड़ा था कोई न कोई जीवन तन्तु
बचपन, परिवार की मिल्कियत
पुरखों, परिवार की मिल्कियत
पुरखों, बाप-दादाओं की आत्माओं का तर्पण
पुराने मोहल्लों...हवेलियों में जमा इतिहास।
स्मृतियाँ पीछे से पड़ने वाली रोशनी बन...
कदमों को सधाती, दिखाती हैं रास्ता

पिघल उठता है...नया-पुराना इतिहास
बस का सफ़र...भारत से पाकिस्तान तक...

एक शहर, एक मुल्क की दूसरे तक
यात्राएँ...तोड़ती-जोड़ती हैं सम्बन्ध
बनातीं रिश्ते...खोलतीं विश्वासों के द्वार
कभी ईद की सेवइयाँ पगी मिठास
कभी दीवाली के कच्चे दीयों का चुका तेल
फिर भी कुछ था जो भीगी रुई-सा
स्मृतियों में अब तक जलता रहा
अपने भीतर पसरा अतीत...मौन में डूबा
बस का सफ़र चलता रहा...

पाकिस्तान की सरज़मीं पर
बस के अस्तित्व ने कदम रख दिए थे
हमारी साथ लाई गर्द...पाकिस्तान की उड़ती गर्द
जैसे गले मिल रही थीं
जाति जगत के नियमों से अनजान
अपने-अपने अहंवाद को नकार
कण से कण जुड़ रहा था...
समीना से हुई फोन पर बात
छोटी-सी मुलाकात का एक हाथ
बस मेरे और पाकिस्तान के बीच
कड़ी-सी बन गया था
या थे कुछ फूल...तोहफे जो मैं साथ लाई थी..
एक अनजानी महक का द्वार खुलने लगा
बस का सफ़र थमने लगा।

बाघा का बार्डर
बदस्तूर...बदसूरती और काँटे वाले तारों से
बाँटती है धरती की एकसारता को
विभाजन की एक रेखा...या अफ़सरी तहकीकात
मनुष्य को...चेहरे को...प्यार को...
छुअन को...स्पर्श को...
इतिहास को चाहिए नया पन्ना खोल...
ज़िक्र करे...उन कुरबानियों, मृत हस्तियों का
जिनकी आत्माएँ शरीरों से निकलकर भी
रोक नहीं पाई बँटवारा
इतिहास की तमाम कटुताओं, रूढ़ियों से बड़ा है...
प्रेम-विश्वास...दिलों में हिलकोरे लेता यकीन...
शायद इसीलिए बीती हुई धुँधली यादें...तारीखें
तरतीबवार लिख रहा है सफ़र...

समीना भी लाल फूलों का हार लिए खड़ी थी...
हमारे लिपटते जिस्म मिटा रहे थे फासला...
सालों का, दिनों का, हिन्दू-मुसलमान होने का...
उसकी गाड़ी में बैठ...शहर से रूबरू होते
सड़कें...गलियाँ...बाज़ार अजनबी कहाँ थे...
बदला कुछ नहीं था...
ऐसा लग रहा था...जैसे मेरी छोटी-सी आत्मा
किसी बेगानेपन से लौट आई है अपने ही अस्तित्व में
पुख़्ता विश्वास लगा रहा था खम्भा
टूटते विश्वासों के, ढहते घर-दरीचों में
दोस्ती की खिड़कियाँ, बंदनवार लगा प्रवेश द्वार
सजाने लगा था बस का सफर...

समीना का घर...डॉक्टर साहब...
उसकी बेटियाँ...माहौल...जमीला बी
बावर्चीखाने की खटपट
उबलती चाय की खुशबू
कुछ भी तो पराया नहीं था
और घर की दीवारों पर लगी तस्वीरें...
लखनऊ की, पुरानी हवेलियों की...पुरखों की
एक खास नवाबी ठाठ से तने चेहरों की
मेरी स्मृतियों में नवाब छतारी की दी
शेरवानी पहने, पुराना हुक्का जमाए यह तस्वीर
जिसमें मैं और तज़ीन कॉलेज की स्टेज पर
मियाँ-बीवी बने बैठे थे
सब कुछ गड्डमड्ड करता...
बस का ये सफ़र...

मेरा लाया कच्चे आम का शर्बत
बच्चियाँ चटखारे लगाती पी रही हैं पानी में घोलकर...
और डॉक्टर साहब को पसन्द आ गए हैं
मथुरादास के पेड़े...
पेठे आगरे के...
और मैं उनके दस्तरखान पर फैले खाने को
मज़े-मज़े से खा रही हूँ...
सोचे जा रही हूँ...समीना का घर...समीना का पानी
मेरे घर का शर्बत...उसके घर का पानी...
अलग कहाँ था उनका अस्तित्व
तो अब तक...इतनी गहरी दूरी क्यों थी दिलों में?
सरहदों की इस पार से उस पार तक फैली हुई...
क्यों लड़ाया हमें धर्म के दावेदारों ने...
हमारी ही बनाई मसजिदों...मन्दिरों ने...

बहे हुए खून की कीमत...
समझा रहा है बस का सफ़र...

विदा के उस दिन
बच्चियाँ सामान में ठूँसे जा रही थीं, जाने क्या-क्या...
तस्वीरों के एलबम...पता नहीं कौन-सी घटनाओं के दस्तावेज़
और बोतलों में भरा संशयहीन विश्वास
मैं और समीना...एक-दूसरे की ओर भरपूर न देखकर
देखे जा रहे थे...जाने क्या...जाने किस ओर
बस में चढ़ जाने के बाद...
समीना का घूमकर गाड़ी में बैठ जाना...
अलविदा को उठे अनगिनत हाथ...
लगभग सभी यात्रियों की...या मेरी...
आँखों का पानी, बह चला वक़्त की

आकाशगंगा का जल...
आँसुओं के रेले में किश्ती-सी तैर गई है बस...
समीना चली गई, भीड़ सड़कों पर वैसे ही चलती रही...
जिसमें शामिल कोई नहीं, कोई अपनापन, कोई शिनाख्त
और आगे बढ़ चली बस...
बेइंतिहा बारिश में...
इस्तकबाल में भीगे...आँसुओं का सफर
पाकिस्तान से हिन्दुस्तान तक
बस का सफर...।

कन्धे का बोझ

अपने छोटे-से पौत्र के साथ
'ज्ञान भारती' की धरती पर खड़ी हूँ।
शाम है,
खुले आडीटोरियम में कुछ लोग बैठे हैं।
ये सब माता-पिता हैं
उन बच्चों के जो यहाँ शिक्षा पा रहे हैं,
सीढ़ियाँ चढ़ कर जा चुके हैं
बड़े-बड़े ओहदों पर
भारत में ही नहीं
विदेश में भी।
धूप ढल रही है,
शाम की झुटपुटी बेला में
एक छोटा-सा चाँद
अपने सफ़र के लिए निकल आया है

जैसे मेरी उँगली पकड़े मेरा पौत्र
मुझे ले जा रहा है।
ज़िद पकड़े है, मैं आगे चलूँ
बच्चों की उस लम्बी कतार के साथ
जो गेट के बाहर-अन्दर
फैल रही है
पर चलूँ कैसे?
मेरे कन्धे पर बोझ बढ़ रहा है
उत्तरदायित्व का या...
एक अदृश्य हाथ रोक रहा है
झुर्रियों भरा बाबूजी का हाथ
या आशीर्वाद
पता नहीं?
डूबता हुआ सूरज और झुर्रियों भरे हाथ

उगता चन्द्रमा कोमल उँगलियों की पकड़
दोनों अवस्थाएँ
महत्त्वपूर्ण हैं मेरे लिए
परन्तु मैं
झुर्रियों भरी मुट्ठी से
मुक्त होकर
नन्ही उँगली
थामना चाहती हूँ।

अनुष्का के नाम

हर सुबह सवेरे
मैं अपनी छोटी बच्ची को
खुली हवाओं में...
उड़ती चहचहाती चिड़ियों से
मिलवाना चाहती हूँ
मैं चाहती हूँ वह भी जीवन भर
ऐसे ही उड़े उन्मुक्त हवाओं में
अपने मोरपंखी सौन्दर्य में
गाए कोयल सा...कोई मधुर गान...

मैं अपनी नन्ही गुड़िया को
बगीचे के हर फूल से वाकिफ़ कराकर
एक पहचान बनाना चाहती हूँ...
चाहती हूँ हर फूल की कोमलता

उसके रंग, भोले सौन्दर्य के अनन्त सागर को...
उनकी मुस्कुराहट की सार्थकता को
जाने-अनजाने अपने भीतर आत्मसात कर ले...

मैं अपनी नन्ही मुन्नी का
बादलों के घुमड़ते नाद से
परिचय कराना चाहती हूँ...
चाहती हूँ वह आकाश की विशालता
आकाश की गहन गम्भीरता
उसके अनहद नाद को
जान ले—समझ ले—बह आने दे जीवन में...

मैं अपनी बिटिया रानी को
पेड़ों पर चढ़ती गिलहरियों

फूलों पर मँडराती तितलियों के पीछे
हरी घास पर भागना सिखाती हूँ
मैं चाहती हूँ वह शहरीली कटुता
पथरीले मकानों से दूर
परमात्मा के गढ़े शाश्वत सौन्दर्य, सत्यता
को जान ले—जान ले भेद
प्रकृति और मनुष्य के बीच
बढ़ती जाती अदृश्य उस खाई का
जो लीलती जा रही है उसके जैसे मासूम बचपन...

मैं अपनी बच्ची को
टेलीविज़न की अवास्तविक...दुनिया से...
बनावटी सी सामूहिक उस अचेतनता से उठाकर
कहानियों के परीलोक और...

राजकुमारों के सफेद घोड़ों पर सवार
सतरंगे कल्पनालोक में ले जाना चाहती हूँ...
मैं चाहती हूँ उसकी आँखों में...सपने,
अपनी इन्द्रधनुषी कल्पनाशीलता से तैर आएँ
ताकि वह सुबह उठकर...सोच सके...जान सके...भेद कर सके...
अवास्तविकता से वास्तविकता का...
मैं चाहती हूँ उसे एक सोच दूँ...
विचार...जो खो गया है इस रैडीमेड संसार में...

मैं अपनी छोटी बच्ची को
गोद में बैठाकर
उसकी गहरी आँखों में झाँककर
सुनना चाहती हूँ...उसकी तोतली वाणी में
कोई एक मनगढ़न्त कहानी

जिसकी अन्तहीनता में...मैं डूब जाऊँ
जिसमें छलक आए उसकी रचनाशक्ति...जिज्ञासा
उसकी कल्पनाशीलता...उसकी छोटी-छोटी उपलब्धियाँ
उसके अनछुए विश्वास...
मैं चाहती हूँ...उसे शाबाशी देकर...एक प्रोत्साहन
ताकि वह जान जाए मन में उगे सच के सहारे...
केवल भीतरी सच के सहारे जीना...
अपनी उस तोतली बच्ची को
मन्दिर में ले जाकर...
मैं सुनाना चाहती हूँ...मन्त्र एक भजन...
उस भक्ति गान के सहारे
कराना चाहती हूँ उसका साक्षात्कार
जीवन मूल्यों की हल्की सी मधुर-मधुर गुनगुनाहट से
जो जीवन की मशीनी खड़खड़ाहट के पीछे

दूर कहीं डूब गई है...
मन्दिर में भगवान के निकट दीया जलाकर
प्रदीप्त कर देना चाहती हूँ एक नन्हीं सी लौ
उसके मन को कोमल स्पन्दन में
जो उसके भीतर आत्मविश्वास...और आत्मबल
के झिलमिल प्रकाश से भरी-भरी...
रोशन करती रहे उसके मन का हर कोना...

अपनी नन्ही बेटी को
बाँहों में झुलाकर
मैं चाहती हूँ...
वह सूरज की तरह जागे–
चाँद की तरह सोए–

मैं उसे प्रकृति के सहारे
वह बोध पकड़ाना चाहती हूँ
कि वह अपने होने में हो जाए
अपने व्यक्तित्व की निजता में
पूर्ण...सम्पूर्ण—चेतन—

नसरीन को

वह समाचार
तुम बीमार हो,
बीमार ही नहीं, बहुत कष्ट में हो,
बिजली-सा टूटा मुझ पर,
मैं भीतर-बाहर
पथरा-सी गई...

मेरी स्मृतियों में तुम
मीठी-मीठी...भीनी-भीनी
मुस्कुराती, हँसी के फूल बिखेरती
अपनेपन को दर्द से हटाकर
साधारणता में एक दायित्व
मानवीय चेतना से लबालब
सहृदयता जीती हुई...

स्मृतियों के साथ
जाने क्यों अस्पताल के कमरे में
एक नम कुहासा
भर आया है।
सम्बन्धों के बंधन भी तो
अजीब से हैं–
स्कूल-कालिजी सारे दृश्य
उस कुहासे में एक-एक करके
घुमड़ने लगे हैं...
मैं कसकर तुम्हारा हाथ पकड़ लेती हूँ।
मित्रता के कीटाणु
शरीर से शरीर तक
क्रियाशील हो उठते हैं।
उसके शरीर की कंपकंपी से

मेरा तटस्थ अपनापन
डगमगाने लगता है।
मित्रता की शृंखलाएँ
अभिव्यक्तिपरक होती हैं क्या?
दर्द, थकान, कष्ट,
मृत्यु का अदृश्य भय,
स्पन्द से निस्पन्द होता शरीर,
शरीर से विदा लेती आत्मा,
न होने में बदलता अपना होना
पारदर्शी हो उठता वह पल।
''मैं प्रयास करूँगी...'' उसने कहा।
''तुम्हें करना होगा...''
मेरे अनबहे आँसू
ढुलककर उसकी इंजेक्शन की

सुई-ठुकी नस में बह गए।
पानी और रक्त
मिले भी तो कब...?
खो जाने का त्रासद अनुभव
और उसका कमज़ोर प्रयास
वह जानती थी...असफल होगा।

तभी तो वह हँसी थी
वही...फूलों जैसी मीठी हँसी।

बुर्का

स्वयं की आत्ममुग्धता काव्यमयता,
के इस रूमानी पल में
उम्र की अल्हड़ सीढ़ियाँ चढ़ते ही
यह क्या हुआ...क्या मेरी मित्र...?
समाज के रूढ़िवादी दावेदारों ने बुर्जुआ गम्भीरता से
अपने खुरदुरे हाथों से 'बुर्का' पहनाकर
हमें एहसास दिलाया—कि हम...
सशरीर सौन्दर्य...नवयौवना क्षमता सम्पन्न
कपड़े के इस दमघोट तम्बू में बन्द
संसार की उन स्त्रियों की कतार में खड़ी हैं...
जिन्हें आँख उठाकर आकाश की ओर देखने की
आज्ञा नहीं है...?

क्या है यह...कोई आदर्शवादी आदेश या...
उनकी अपनी ही हीन ग्रन्थियों का अनिवार्य ढोंग?
जब भी इस काली धुँध के मध्य हाथ बढ़ाती हूँ...
लगता है जीते जी...ताबूत में बन्द हो गई हूँ

हमारी खिलखिलाती हँसी...तितलियों सी उड़ान
भोली भाली स्वतन्त्रता को...भयग्रस्त भाग्य निर्णायकों ने...
धर्मसंकट के दमघोट काले दुशाले में लपेट
मूर्तिकरण किया एक खुली-खुली सी मानवीय सत्ता का...
प्राकृतिक सौन्दर्य...इच्छाओं सपनों के मध्य
आ तना...एक काला सरसराता रेशमी नकाब...
सौन्दर्य के प्रारूप में अपने में ठिठुरती हम रह गईं...
मात्र एक अशरीरी शरीर...आकृति विहीन वस्तु
हमारी छटपटाहट, इस दमघोट कन्दरा में

एक पाषाण युगीन अपनी इगोलोजी के तहत्
समर्पण-आहुति-परम्परा के मायने समझाता रहा...
हमारी आत्मपरक चेतना...'शर्मिन्दा'
जैसे शब्द के अर्थ के निकट...ठहर गई

हमारी तड़प, हमारे रोने पर...
धार्मिक उत्तेजना से डरी-डरी...
माँ की काँपती उँगलियों की गिरफ्त
अपने मखमलीपन में तह दर तह
एक उदास दायित्व के साथ—गहरे मौन की
अँधियारी गुफा में बेआवाज़...गूँजती
हमारी आत्मा तक उतरती रही...
बरसों से गीले उसके आँचल में
हमारे आँसू सोख लेने की क्षमता चुक गई थी...

हमने सोचा था, जीवन आकाशीय यात्रा होगी
अपने तिलिस्म में उड़ा ले जाएगी हमें...
पक्षी परिन्दे चाँद सितारे...आकाश गंगा
हमारे रीझे हुए मन को सहलाएँगे...
छोटे से कदम उठा चाँद तक जाएँगे हम
अन्तरिक्ष ने भी तो द्वार खोल दिए थे हमारे लिए
ऐसे पल में मनुष्यत्व पर चमगादड़ी प्रेत-सा बुर्का...
हमें हमसे ही दूर ले जाती यह शैतान छिपाकर
बेकसूर चेहरों को अपनी जालीदार सलाखों में जकड़
अदृश्य कर रहा है—हमसे हमारा ही अपनापन
हमारी वास्तविकता—हमारी अस्मिता हम ही से
मेरी मित्र...यह बुर्का...धर्म नहीं ढो रहा...
यह परिकल्पित कल्पनाओं के काले अँधेरे का
अवैयक्तिक सम्प्रेषण भर है...और कुछ नहीं...

सनक और उधारी ज़िन्दगी बसर करने से पहले...
अपने आत्मसम्मान को काले चिथड़ों की लपेट से बचा
भिड़ जा —अवैयक्तिकरण की इस प्रक्रिया से—

उर्वरा, विश्वशक्तिदायिनी—पूरक—हम
जान गई हैं कि दैहिक आकस्मिकता अभिशाप नहीं है
तो चलो कुहासों के संसार की जादूगरी से उठकर
सीमाओं को तोड़ने की समर्थता में बढ़कर
विद्रोह—विस्फोट करना है हमें...
हम शक्ति—दुर्गा—विध्वंसक विनाशकारी भी हैं...
तो उड़ें—काला उदास आसमान प्रतीक्षारत है...
किसी एक समर्थ शक्तिमय गरज के लिए
क्योंकि शून्यता से उठकर पूर्णता तक जाना है हमें—

कश्मीर

कैम्प के दरवाज़े पर खड़े...
उस काँपते कमज़ोर इंसान से
मैंने पूछा...
तुम रो क्यों रहे हो...
उसने सुना नहीं, क्योंकि
उसके कान...वहाँ के अधकचरे डाक्टर की
दवाई से बहरे हो चुके थे...

उसके चेहरे के बचे खुचे गुलाबीपन पर
स्याही सी पुत गई थी...
उसका जिस्म...जिस्म नहीं
चलता फिरता कंकाल भर था...

उसने कराहते हुए कहा...
जल से बाहर तड़पती मछली को
देखा है तुमने...सहा है क्या
उसकी बेचैनी तड़फड़ाहट का दर्द
आगज़नी, लुटता घर और जलती दुकान
धुँए में भस्म होता पुरखों का इतिहास

दर्द केवल शरीर का नहीं है मेरे दोस्त
घर से बेघर होने का, शहर छोड़ देने का भी नहीं है...
खण्डित होते सपने, चूर-चूर होते विश्वास का है
गहरे अपमान का है जो मैंने सहा है...

उस टूटे हुए विश्वास का है...
जो मैं अपने बच्चों को मूल्यों द्वारा पकड़ा रहा था

उन्हें स्वार्थ और पक्षपात से दूर रखकर
सिखा रहा था मनुष्य बने रहना...
जो मैंने जाना था, अब तक किया था...
परन्तु विश्वासघात...मनुष्यता के इस विभाजन में
मर चुकी है पुरानी श्रद्धा...इन्सानियत
स्वप्न विहीन आँखों में बस फैला है खालीपन...
सूख चुका है उनमें डल झील का पानी
'नगीन-लेक' के सारे के सारे पीले कमल
और पहाड़ों से बहते चश्मे-शाही...झरने...
लिडर का उद्वेलित...बहाव...
एक स्वर्ग जैसा अभूतपूर्व नगर...
अब भुतहा हो सरसराता है...
रंगीन शिकारों की प्रतिछाया विहीन झीलें...

अपने ही आँसुओं के सैलाब में डूबी हैं
क्योंकि अब वहाँ आहों का रेगिस्तान फैल आया है...

मेरे कानों के बहरेपन में नहीं गूँजती...
सन्तूर की सुमधुर धुन...
ना ही कोई गुनगुनाता है हब्बा खातून के गीत
कैम्प के इस अँधेरे कमरे में
नयनाभिराम दृश्यों से बिछुड़ी मेरी आँखों को
अब कुछ भी नहीं दिखता
वैसे भी जल कर राख हुए घर
कफ़न में लिपटे अपने मित्र...
छोटे स्कूली बच्चों का बन्दूक उठा लेना...
क्या बचा है अब देखने को...

कैम्प के इस गूदड़ बिस्तर पर
उखड़ी कराहती नींद...सपने नहीं देखती...
फटी हुई...दर्द से अधमुदी मेरी आँखें
प्रतीक्षारत हैं कि शायद...किसी गलत दवाई से...
मुँद जाएँगी...हो जाएँगी ज्योतिहीन...
और अब आएगा भी कौन...
हम अन्धों की बस्ती में
बेचने दीया, रोशनी का—

ताबूत

उसके कमरे में
एक ताबूत था
एक खूबसूरत सी खाली शीशी

मैंने उससे पूछा
यह क्या है?

उसने कहा
ताबूत में बन्द है मेरी जवान बेटी
मरने से पहले बलात्कार हो गया था जिसका

और खाली शीशी
मैंने कहा?

'खाली' वह चिल्लाया
वह मेरी बेटी के चुम्बनों से भरी है
जो उसने मुझे मेरे जन्मदिन पर
तोहफा दिया था...

ताबूत और शीशी
दोनों में से एक खुशबू...
लपट-लपट उठ रही थी...

हमारी गली के
बहुत से घरों में
ऐसे कई कमरे हैं
जहाँ ज़िन्दा दफन हैं

जवान बेटियों के
लाचार मजबूर बाप

वापसी

चलो...उन्होंने कहा...लौट चलो
वादी में मिटते हिन्दुत्व को बचा लो

अब वहाँ अमन है चैन है
आतंकवादियों की बन्दूकें थम चुकी हैं
हम सब असमाप्त आसमान के तले
मशीनी ट्रेक्टर चला रहे हैं
बदल रहे हैं हादसों के मैदान को
उपजाऊ ज़मीन में...

वापसी मार्ग है...प्रेम लक्ष्य है
मानव अस्तित्व...समझ

चलो लिडर के पानी ने भी कहा...लौट चलो
नफ़रत से गन्दला होने नहीं दिया मैंने अपना जल

प्रतीक्षा में हूँ तुम्हारी, तुम्हारे लिए बह रही थी
मेरा बहाव तुम्हारी ही अन्तर्चेतना का विकास

वापसी मार्ग है...प्रेम जल का स्रोत
मनोवैज्ञानिक विकास

चलो...उन्होंने कहा...लौट चलो
संवार लो टूटी खपरैली छतों को
बुहार लो आँगन...चौक में उगा लो तुलसी
मानव के परिस्थिति जगत होने तक
ज़िन्दगी को एक मौका और दो...

हाँ वापसी मार्ग है...प्रेम संसारी हो जाना
मानव धारणाओं की समेट...

चलो...उन्होंने कहा...लौट चलो
बीज बो दिए हैं...खेतों में

पानी से सींचो...काटो फसल
लहलहाने दो अनाज...खिलने दो कमल

वापसी मार्ग है...जीवन अंकुरण
एक संगठित संरचना

चलो...हमने कहा...चलते हैं
क्योंकि वह स्वर...परम स्वर था अस्तित्व का
बुझे मन, थके पैर, बाँहों में हरकत जागी
जा पहुँचे खेतों के पानी के पास
परन्तु यह क्या...हमने मुड़कर उनसे कहा
माँस के लोथड़ों के साथ पानी की जगह
यहाँ, गहरा लाल रक्त बहे जा रहा था...
हरे पत्तों के बीच, शाखों पर उगे थे कंकाल...

वापसी मार्ग है...प्रेम पश्चाताप
स्थितियाँ अहंकार विध्वंस...

चलो...भाग चलें...उन्होंने कहा
क्योंकि आँखों विहीन खोपड़ियों से ताक रहे थे कंकाल
परन्तु हमारे भीतर करवट ले उठी थी शिनाख्त
भुतहा आत्माएँ जैसे कह रही थीं
अब लौटे हो इतने सालों बाद
कितनी बेहूदा चीज़ है तुम्हारा इंसाफ...
कभी मिला है क्या किसी को...?

वापसी मार्ग है...अहंकार विध्वंस
अन्धा, बहरा है इंसाफ...

चलो...भाग चलें उन्होंने कहा...वह भाग गए
नहीं हम नहीं भागेंगे...हमने कहा

क्योंकि यहाँ की हर कब्रगाह का अपना एक सच है
वैसे भी मनुष्यता भीड़ है...शाब्दिक जोड़
व्यक्ति यथार्थ है...जाति एक बँटवारा

वापसी मार्ग है...भागना पलायन
रहना आत्मनिरीक्षण...तथ्य...

चलो...उन्होंने कहा...भागते-भागते...पुकारा
नहीं हम नहीं भागेंगे...यहीं रहेंगे...
क्योंकि समाज संज्ञा है राजनीति एक शब्द
हमारी अकेली असुरक्षा में रहेगा शब्द...
शब्द...रचेगा...जीवन को अपने अस्तित्व से जोड़ता
भेद भाव से परे एक परिवार...

वापसी मार्ग है...स्थायी है...मृत्युपर्यन्त
जुड़ाव...आत्मा का शब्द...

हनीमून

खूबसूरत इस वादी में
बस सौन्दर्य है, प्रेम है
शिकारों में बहते नये ब्याहे हम
रोमानियत में डूबे उत्तेजित दो शरीर...

तुम मुझे ऐसे छुओ
जैसे बारिश की बूँदें...
परिकल्पनात्मक आवेश में अभिभूत
डल झील के पानी को आगोश में लेती हैं

तुम मुझे ऐसे छुओ
जैसे जाते हुए दिन की उँगलियाँ
आती हुई रात की गतिमयता में भीगी
उसके सियाह दामन में भरती हैं

ढेर सारे मानवीय सुकोमल सपने...

तुम मुझे ऐसे छुओ
जैसे बादल का एक टुकड़ा
अपनी संवेगात्मक व्याकुलता से
ढकता है चाँद के मुखड़े को
कि प्रतिबिम्ब से जी उठे जीवन सत्य...

तुम मुझमें ऐसे समा जाओ
किसी जादुई दीवार की अदृश्यता की मानिन्द
जैसे कोई कभी, किसी की भौतिकता में...
न समाया हो कभी...

पर ये क्या...कहाँ हो तुम...
मेरी छुअन से परे...शयन गृह के बिस्तरे पर...

मेरे स्पर्शों से परे...एक दूसरे में एकात्म
जाने क्यों तस्वीरी पहेलियों में
पेड़ों झाड़ियों खम्बों में छुपी
दोनाली बन्दूकें ढूँढ रहे हैं...
सिनेमा की अभिनेत्रियों की जगह...

मेरी मुट्ठी में बन्द रहने दो अपना चेहरा
टेलीविज़न को बन्द हो जाने दो
बैडरूम में घुस आए इस युद्ध को
दहशतज़दा चेहरों...लाशों से लदे ट्रक को
चीखती चिल्लाती माँओं...विकलाँगों की कराह
सब को विदा कर दो...चुप करा दो इन्हें...
कि अपनी शयन शय्या पर हम एक हो सकें...

तुम सारी वास्तविकता, बुनियादी...योजना भुलाकर
बस मुझे छुओ...मेरे शरीर में हो जाओ रूपायित
ऐसे बस जाओ मेरी आत्मा में...
जैसे दीपक में बाती...बाती में तेल...
मैं और तुम...तुम और मैं...
पर ये क्या...जाने कहाँ से...
सुख के इस पल में...घुस आता है धुँआ...

नहीं तुम मत छुओ मुझे...
अपना शरीर...अपना सुख
लगता है बेमानी...फीका शर्मनाक
पहाड़ियों...झरनों की शीतलता की जगह
धू-धू कर के उठती है लपट
आतंकवादियों का एक नया प्रहार

उजाड़ता है कितनी माँगें...कितने दाम्पत्य...

मेरे तुम्हारे शारीरिक सुख को नकारती
हमारी भौंचक्की चेतना पर लिपटती है धुँध...
बारूदी गोलों की दहकती आग
वादी की हर सड़क, हर गली में...
सरसराती है...मानवीय संवदेना...मानवीय यथार्थ

नहीं तुम मत छुओ मुझे...
प्यासी रह जाने दो मुझे...
क्योंकि वादी की हर सड़क...हर गली पर
अनेकों औरतों...बीवियों की अकेली प्यास
ज़ख्म खाए प्रेत सी दर-दर भटक रही है...
नहीं तुम मत छुओ मुझे...
मत छुओ...

कारगिल

तुमने तो कहा था
घाटी में बसता है बासन्ती मौसम
वह वादी है फूलों की
खिलते हैं वहाँ ब्रह्म कमल

पर मैं तो जहाँ भी पैर रखती हूँ
फूलों की जगह वर्दियों के उखड़े बिल्ले
कटे-फटे जिस्म किसी चेहरे की जाने कब से
खुली आँखें घूरती...दहला जाती हैं आत्मा को
वह देखो किसी का उठा हाथ
जिसकी कटी हुई उँगली में अभी भी
चमक रही है, शादी के दिन की अँगूठी
बर्फ में जमे हैं...बेकसूर खून के चकत्ते...
जैसे किसी सुहागिन का उजड़ा सिन्दूर...

तुमने तो कहा था
असीम शान्ति है यहाँ...नितान्त अनुभवातीत सुख
यह रास्ता महानिर्वाण तक जाता हुआ
शरीर की परिधि लाँघकर जिस पर से
गुज़र गए अनेक संन्यासी...त्यागी...
परन्तु अब तो किसी सूनी माँग जैसी
फैली है यहाँ से वहाँ तक
हड्डियों के चूरे की दूधिया लकीर

तुमने तो कहा था
इन हिमशिखरों की स्वर्गिक ऊँचाई पर
गुंजायमान होता है महामन्त्र...
परन्तु तोपों और बन्दूकों के कोलाहल में
घुल गया है किसी माँ, किसी पत्नी का क्रन्दन

मसजिद की पवित्र अज़ान, मन्दिरों का कीर्तन
मौत से पहले आई मौत
फटे हुए झण्डों पर खड़ी विकरालता का
कर रही है तांडव यहाँ...

कारगिल की इस ऊँची चोटी की बर्फ में
जमा रह गया है एक ऐतिहासिक कालखण्ड
मनुष्यत्व के स्थान पर...यहाँ
मुँहबाए खड़ा है एक भीमकाय, हिमपिशाच...

सम्मान का दिल

वह एक बेहद बेचैन तूफानी दिन था
बम बारूद धमाकों की आवाज़ का दिन था
कारगिल में चल रही लड़ाई का दिन था...
वादों, इंसानी ढाँचों के टूटने का दिन था
क्योंकि वह शहीदों के शरीरों को
ताबूतों में बन्द कर ले आने का दिन था...

बर्फ की आगोश में भटकती आत्माओं
बहे हुए बेकसूर खून सने पहाड़ों का
बारिश के आँसुओं में नहाने का दिन था
छाती पीटती माँ...चूड़ियाँ तोड़ती बहू
उनकी सारी कायनात उजड़ने का दिन था...

मैं चाह रही थी उस दिन के लम्हे से
ज़िन्दगी की किताब के उस पन्ने को
अपनी उँगलियों से उखाड़ दूँ...
चिन्दी-चिन्दी कर दूँ वह कागज़ी शिनाख़्त
हाथ में पकड़े प्रमाण पत्र, डेथ-सर्टिफिकेट...

परन्तु वक्त के लुहार के पास
चुक गया था सारा का सारा लोहा
जो बना पाता ऐसी कैंची...
काट पाती, वह पल, समय, वह दिन
सम्बन्धों की गाँठ, रिश्तों की चादर
उम्मीदों का लहरियादार दुपट्टा
या फिर अस्पतालों का बदबूदार कफ़न...
पर लोहार का समूचा लोहा

ढल गया था नुकीली कीलों में
जो ठोंकी गई थी उन ताबूतों में
क्योंकि वह झण्डों में लिपटे शरीरों को
कारगिल से उठा घर ले आने का दिन था–

वह सेनानियों के बलिदान का दिन था
उनके सम्मान, राष्ट्रीय सलामी का दिन था–

मेरे हाथ लगा

बम विस्फोट से टूटे उस घर की
दीवार से चिपका एक शीशा
मेरे हाथ लगा...
जिसमें प्रतिबिम्बित थीं कभी
मुस्कुराती छवियाँ
आज अटा पड़ा है मुर्दा चेहरों से
टूटा-फूटा...किरच-किरच

बम विस्फोट के मलबे में
दबे एक बच्चे का अधमरा शरीर
मेरे हाथ लगा
बाँहों में उठाते ही उसकी
मद्धम फुसफुसाहट में उभरा
उसकी माँ का नाम...

सहमी मैं सोच रही हूँ
खोज पाऊँगी उसे या नहीं
मुरदों के ढेर में...कहाँ बचती है पहचान

बम विस्फोट के खण्डहरी गाँव में
अँधेरे में टार्च जलाते
एक बाती विहीन दीया
मेरे हाथ लगा
चाहती थी उसे स्थापित करूँ
जहाँ जगमग प्रकाश करता था वह
परन्तु मिला नहीं उसका घर
ना ही ज़ंग लगी कुँजी से खुल पाया ताला...

भूकम्प से पीड़ित उस गाँव में
रात के गहरे सन्नाटे में
दबे पाँव चलता एक आतंकवादी
मेरे हाथ लगा...
अकड़ कर खड़ा वह
मौत के ताण्डव पर खिलखिलाया
''लहूलुहान बस्तियाँ कैसा सुखकर नज़ारा,
जहाँ मौत सरसराती हो...कराह गीत गाती हो...''

अपनी कमर में मौत बाँधकर
समय से पहले...
ले आया भूचाल
''अब चलूँ दूसरी बस्ती में
जहाँ सब हैं खुशहाल...''

बचपन

कौन-सा
बचपन?
तुम्हें लगता है मेरा कोई बचपन था!
गर्भस्थ शिशु का,
फिर मौत का ही तो अँधेरा था
जो उम्र भर मेरे साथ-साथ चला है।
एक मातृहीन छोटी लड़की का
कोई होता है बचपन?

खेल

वह आँगन में
खेल रही थी
गुड़ियों का खेल

सफेद चाक से खींच रही थी लकीरें
कमरों में बाँट रही थी घर को
वह बाबा का ये माँ का
बीच में पथरीली दीवार
टूटे हुए बर्तन रकाबियाँ
माँ की फटी साड़ी की चिंदियाँ
खून के धब्बे धोती उसकी अपनी हथेलियाँ

वह आँगन में
खेल रही थी

गुड़ियों का खेल

समय की धुँध में धुलती
सोच रही थी...
कहाँ गई गुड़िया...
कहाँ गया गुड्डा
सहेलियाँ तू...तू बजाते भाई
डोली उठाते कहार...बरात विदाई...
रंगीन शामियाने सूखे फूल...मिठाई...

वह आँगन में
खेल रही थी
गुड़ियों का खेल

माँ की बीमार परछाईं, कराहती खाट,
आँगन के किनारे पड़ी थी चुपचाप...
उसकी बनाई लकीरों के बीच...
बस सूनापन था...
वह खुद...दीवार से सटी उकडूं बैठी
गुड़ियों की रेशमी साड़ियों से आँसू पोंछती
खेल रही थी, कौन सा खेल...
गुड़ियों का...या वास्तविकता...

वह आँगन में
खेल रही थी
गुड़ियों का खेल

बग्घीघर

घर के पीछे आज भी
वह पुराना बग्घीघर है।
बहुत साल पहले
कभी उस बग्घी पर
हमारा कोचवान, तेल और पालिश
रगड़कर इसे चमकाता था
सफेद घोड़ा जोतकर, सामने लाता था।
हर शाम दादाजी और हम
उस पर सवार होकर, सैर को जाते थे
दादाजी की गहन गम्भीर आँखों,
झकझक करते सफेद कपड़ों, सफेद बालों से
सारा परिवेश जैसे एक
उज्ज्वलता से भर जाता था।

साधारण-सी बात थी, परन्तु
असाधारणता से उठकर कहीं दूर तक जाती हुई
आसपास सड़क के छूटते किनारों, भीड़ से
उपजकर, मन के रहस्य खोलती हुई।
और दादाजी, उन बातों के साथ कितना कुछ समझा जाते थे।
बातों का कोई अन्त तो
कभी भी रुका ना, अटूट ताँता है
जैसे आज भी दिमाग में सरसराता है।

दादाजी चले गए
सफेद घोड़ा कब का, मौत के
सफेद कुहासे में खो गया है।
बग्घी का कोचवान बूढ़ा होकर
अपने गाँव लौट गया है।

उसका बेटा ड्राइवर हो कर
हमारी कार चलाता है।
बग्घी को घसीटकर
टीन की छत के नीचे
खड़ा कर दिया गया है
अब बग्घीघर मोटर खड़ी करने के काम आता है।

बग्घी का रंग-रूप समय के हाथों
सिर्फ लकड़ी होकर रह गया है।
और उस दिन तो,
बग्घी के जिस्म को
कुल्हाड़ी से तोड़-काटकर
कोचवान के बेटे ने
चूल्हा जलाने के काम में ले लिया है।

मैंने सुबह देखी है, शाम भी देखी है।
रात आते ही, जब भी कोई
तारा आकाश से टूटता है
तो लगता है जैसे
वर्तमान के आँगन में
एक बेहद खूबसूरत अतीत ढह गया है।

स्वीकृति

क्या तुम ही
सम्भूत सत्य हो माँ?
जन्म से खोया था जिसे
वह तुम मेरी माँ
क्या जानबूझ कर गुज़र गई थी
जीवन से...मृत्यु से?
क्यों था तुम्हारा अस्वीकार
मेरे लिए...

अब मन्दिर की प्रतिमा में
अपना विश्वास समाधिस्थ कर
उसे ही अपना मान
फूल चढ़ाते, दीप जलाते...
तुम्हें ही तो पूजती हूँ...मैं।

कभी-कभी एक कम्पन घेरता है
मुझे...मेरी बेचैन आत्मा को
उदासी के धुँआवी गर्भगृह में
ऐसे लगता है सरसरा रही है...
एक स्नेहिल सी सुगन्ध

क्या वह तुम्हारा हाथ...स्वीकार
है...जो छू रहा है मुझे
यह स्वीकृति, तुम्हारी विजय है...
या मेरी?

गुलाब की जंगली बेल

मैंने उस रात अपने भीतर
उन सभी स्मृतियों को आमन्त्रित किया
बचपन में जिन्हें देखकर
मैं उत्फुल्लता से भर जाती थी
वह नन्हा-सा पहाड़ी गाँव
ढलान पर उगे चीड़ के छोटे-बड़े पेड़
सुगन्ध...ठहरी हुई धुंध के बादल की छुअन
जंगली गुलाब के खिले-खिले
सफेद फूल...

मैं हमेशा स्कूल से आते-जाते
उन्हें छूती...प्यार करती...झोली में भरती...
उन्हीं पेड़ों से कहती अपनी शिकायतें
जो अपनी माँ के मरने के बाद

मैं किसी से नहीं कह पाती थी...
गुलाब की लता के निकट
एक टूटे-फूटे चबूतरे पर...
अपने आँसू...अपने फूल...अपने प्रश्न...
चढ़ा आती थी...
मैं नहीं जानती थी वह एक कब्र थी...
या कौन सोया था उसके तले?
मेरे नन्हे मन के लिए...
वह श्रद्धा का पूजास्थल या चबूतरा भर था...

मेरा आमन्त्रण पाते ही
खुली हवा मेरे भीतर भर आई
और विस्मृत जंगली गन्ध बखेर गई
मुझे लगा एकाएक मैं परिवर्तित हो रही हूँ

सफेद फूलों की उस बेल में
जिसके नीचे वह
उपेक्षित-सी कब्र थी...
कब्र के द्वार खुल गए थे मेरे लिए
मिटे हुए शब्दों में लिखा था किसी औरत का नाम...
इससे पहले मैं अपने फूलों का तोहफा...
वहाँ सोये कंकाल को समर्पित करूँ
मैंने देखा बहुत पहले के...मेरे गुलाब
वैसे के वैसे सँजोए रक्खे थे
मेरे मन ने कहा...
अवश्य ही यह कब्र किसी माँ की रही होगी
तभी तो फूल जीवंत थे खुशबुओं से गमकते
माँ ही तो होती है जो मर जाने पर भी
अपने दीमक खाए ताबूत में बन्द

समय की निरंतरता को ठहराकर
सँभाले रखती है अपनी बेटी की सौगात
समर्पण...भाव...प्यार...

तभी तो वहाँ कंकाल के स्थान पर
उस शान्ति यज्ञ की ताज़ी राख भी थी...
वह यज्ञ जो कुछ समय पहले
माँ के श्राद्ध के दिन...
मैंने अकेले...अपने पूजागृह में किया था...

केवल मैं

जन्म का वह पल
दाई ने मुझे देखा
दर्द से कराहती मेरी माँ
सौर गृह की दीवारें
लड़के के जन्म पर दगने वाली
दोनाली बन्दूकें...

सारी कायनात
सब चुप थे...
मैं, केवल मैं रोई थी–
माँ के मरने पर
पिता–बाबा...दादी
रिश्तेदार...मूँछें मरोड़ता
एक अर्थभरा सन्देह

मदमस्त रहस्यमयता

सारा घर
सब चुप थे
मैं, केवल मैं रोई थी–

ज़िन्दगी बहती रही
मेरे बड़े हो जाने में...
कोई नहीं था...शरीक...
अपना उठाव...अपना रक्त...
हैरान परेशान
अपना यथार्थीकरण...

भौतिकता का वह पल
सब चुप था
मैं, केवल मैं रोई थी—

अकेले कमरे में घेर घार
होंठों पर पट्टी बाँध
रौंदते कुचलते अपने ही नातेदार
मेरे ही सर्वनाश पर गर्वित
हीरोइक इतराहट से गमकते

बन्द कमरे की लिसलिसी सीलन
सब चुप था
मैं, केवल मैं, रोई थी

अपनी असमर्थता के सफर में
मैं पट्टी बँधे मुखौटे की
प्रापर्टी उन सब की, और,
मिट्टी दर मिट्टी होती मेरी काया।
जब सबका निषेध...अपने आँसू ले
पुलिस तक जा पहुँची तो...
उसने भी मुँह पर पट्टी बाँधी—
रौंदा मेरा बचा-खुचा जिस्म
माँस का कतरा-कतरा...

धर्म के दावेदार न्यायालय
सब चुप थे...पर...तब...
पट्टी का शव-परिधान फाड़...
मैं रोई नहीं चीखी थी...
एक आत्मभेदी चीख...

मेरी पाशविक चिल्लाहट से
धुँआकी थी चाँद की शीतलता
जब फूले हुए पेट और बेजान जिस्म को
छोड़ छाड़ कर मेरा शरीर...
अपने होने की वैयक्तिक जोखम से निकल
अन्तरिक्ष में लटका था...

मासूमियत, पाशविकता, अन्याय
फासला तब और आज के बीच
सब कुछ चुप था
हाँ, कोई नहीं कोई नहीं रोया था...

फिसले थे हवाओं में
''चरित्र हीन, निर्लज्ज, गैर ज़िम्मेदार''

लाँछना देते मेरे रिश्तेदार...
मैं अपने मौन विद्रोह में...
देख रही थी–
फ्रेम में जड़ी मेरी माँ की तस्वीर
मिट गई थी...वहाँ से,
बस एक बदरंग पीला कागज़
संवेदना-विहीन उस मातम में
कँपकपा रहा था चुपचाप...

अँधेरे पूजागृह में
बुझा दिया चुप था...परन्तु
परिवार के, निस्सीम इतिहास खण्ड में...
लिखा हुआ था बहुत से आँसुओं का हिसाब...

मेरा गाँव

बड़े वर्षों बाद...लौट रही हूँ
अपने छोटे से गाँव की ओर
दबी ढंकी पुरानी रूमानियत
मेरी इच्छाशक्ति पर सवार...ले जा रही है मुझे

वहाँ जहाँ खुली सुनसान सड़क के
किनारों पर लगे हारसिंगार के पेड़
बहती हवाओं के साथ बड़ी अदा से झुकते थे...
जिसके हरे-हरे पत्तों पर सुबह की शबनम
अपनी नर्म उँगलियों से...
लिखती थी एक प्रेम गीत...

गाँव की कच्ची पक्की सड़क के किनारे
चुपचाप चलती थी हम लड़कियाँ...

मैं भी, सिकुड़ती, अपने कच्चे अपनेपन में
सरसराते हुए दुपट्टों की सलवटों पर
मुड़े-तुड़े गोट लगे सलमों और छुटपुटे अबरक
तिल्लियों से लिखते थे...प्रेम गीत...

प्रेम की बहार आते ही
फूलों की खुशबुओं से लद जाती थी गली
मन के द्वार दस्तक देती...बरसाती फुहार
बन्द खिड़कियों दरवाज़ों से बाहर आते हाथ
चिट्ठियों को अदलता-बदलता रामदीन
परिन्दों से उड़ते थे प्रेम पत्र...

वह गाँव था खुशहाल...हरा भरा
खेतों से लहलहाता...

पनिहारिनें रंगबिरंगी ओढ़नियाँ
कच्ची मिट्टी के घड़ों का ठण्डा पानी
फिर क्यों सूखा जलस्रोत...कुआँ
पानी, हाय पानी कहीं नहीं...

मीलों तक फैली वह गंवई धरती
कड़कती धूप नंगी पीठ पर झेलती
सूख कर लकड़ी सी चटख कर
मिट्टी की झुर्रियों भरी उँगलियों से
दरारों में लिखती है अपनी दास्तान

हरियाली की जगह तड़फड़ाती धरती—रेत ही रेत
खेत की जगह सूखते शरीर कंकाल
पानी की खोज में अधमरी गिलहरी

बेहोश होते परिन्दे...तितलियाँ...
बिना आग के जलती चिताएँ राख होते शरीर

मैंने सोचा था इतने वर्षों बाद
बदल गया होगा सब कुछ...
प्रगति के पाँव...मशीनीकरण
खुशहाली ले आया होगा...
हरे-भरे खेत लहलहाती अनाज की बालियाँ
फूलों-फलों से लदे वृक्ष...
नए मकान—दुकान...सामान...

परन्तु इस धरती का बंजरपन
एड़ियों में जलन...आँखों में धुँधा
खोया हुआ अतीत...गलियाँ नहर

ठूँठ हुए नीम के चबूतरे पर
जहाँ पंचों के जमघट्टे लगते थे...
सुनाए जाते थे फैसले...कानून...

उसी ऐतिहासिक चबूतरे पर...
'हरित-क्रान्ति' वाले बैनर में लिपटी
स्कूल की प्याऊ चलाने वाले रामदीन की लाश
फटी आँखों से घूर रही थी जैसे...
मेरी चेतनता में गाँव की जगह
एक उजाड़ बियाबान उग आया है...

मेरी आँखों के आँसू...अपर्याप्त हैं...
उस गाँव को मरुस्थल होने से...
बचा लेने के लिए...

कहाँ लौटता है कोई

हवेली के अनगिनत कमरे
वह पापा का, वह चाची, बुआ का
बँटे हुए फिर भी एक
वराँडे में दादाजी की आराम कुर्सी
उसमें पसरी लातों पर
फैला अखबार...चश्मा...
आसपास बैठे पड़ोसी दोस्त
संवाद, वारदातें, कम्यूनल दंगे...
दिन तारीख...बहता हुआ समय

वह एक कमरा, किताबों की शैल्फें
हम सब बच्चों का, पढ़ाई का कमरा
दादा जी के रौब और झाँझन सिघ...
मास्टर जी की...डाँट...मार...सीख...

दर्द से सरसराता, पहाड़े बोलता कमरा...

आँगन में चाक की लकीरों से
खींच कर बनाए गए घर...
टूटे गमले के ठीकरे को
हाथ में उठाकर...चूमकर पीछे फेंकते
'स्टापू' खेलते कूदते हमारे कदम
घरों को बनाते, मिटाते लड़ते हम...
जाने कब बड़े हो गए...जाने कब...

महत्त्वपूर्ण था तब...वह अदना सा
बिसात जीतता...मिट्टी का ठीकरा
नहीं जानती थी, ठीकरे सा मेरा वजूद
बिना पीछे देखे फेंका गया बचपन

कभी किसी दरवाज़े...कभी किसी आँगन
जा गिरेगा...यूं ही कभी...

अब घर आँगन नीम का पेड़
सभी कुछ है...
'स्टापू' वाली लकीरों पर
लिखे हैं बहुत से नाम
ठीकरे...कूड़े के ढेर पर पड़े
सिसक रहे हैं...
उन्हें चूम कर फेंकने वाले हाथ
अब इस हवेली में नहीं रहते...

कमरों में एक बेहद उदास
गहरा खालीपन...पुरानी किताबों पर

परत-दर-परत चढ़ी...
वीरानगी की दहशतज़दा धूल—
पहचान के दरवाज़े...
ज़ंग खाए तालों में लिपटे
बेआवाज़ घूर रहे हैं...
यादों की एलबम के पीले पन्ने पर
कहीं लिखा था 'वसुधैव कुटुम्बकम्'

परन्तु...देश निकाले के बाद
कहाँ लौटता है कोई...

भाव-दशा

खुली किताब
उसमें फँसा चश्मा
अक्षरों से भरी कागज़ों की फाइल
टूटी निब वाला पैन
बिखरी हुई स्याही से गीला
एक रूमाल...
और हाँ चप्पल भी
दरी के पास बेआवाज़ पड़ी थी
बस मैं ही थी, ...जो...
अपनेपन में अपने को लपेटती
वहाँ से उठकर
चुपचाप चली गई...

कुर्सी का वह मेरे बैठे होने का
गहरा सा सलवटी दबाव
वहीं पड़ा रह गया...
वह समूचा दृश्य...संसार मात्र...
और जो उठकर चला गया...वह
वह और कोई नहीं...एक अहसास था
धैर्य प्रतीक्षा...या...भाव दशा...

फिर भी जाने क्यों...
हवा के कन्धे पर टिकी
मेरे जिस्म की खुशबू
मेरे होने की खुशबू
मेरे होने का अहसास
हाथों में उठाए...

कमरे-कमरे घूम रही है...

एक प्रहर

शाम तक शायद
न पहुँच सकूँ।
हो सके तो मेरे लिए
अपनी रातों का
एक प्रहर,
बस एक प्रहर,
बचा कर रखना।
उदासी का वह प्रहर–
जब रात पिघलती है,
सुबह के उदास सितारे
पलायन करते हैं,
देहों का तिलिस्म टूटता है,
मन्दिरों के घण्टे बजते हैं,
पुराना दिन

नये में ढलता है।
उस अपूर्व बेला में
क्षण भर को ही सही,
शाश्वत घटता है।
तुम उसी प्रहर को
बचा कर रखना
अपने लिए, मेरे लिए।

हम

मैं हर सुबह अपनी खिड़की से
आकाश में टँगे
विदा लेते चाँद को देखती हूँ
पता नहीं क्यों लगता है
वह प्रतीक्षा कर रहा था
मेरे नमन की...

मेरे सिर झुकाते ही
वह एकाएक गायब हो जाता है
वैसे ही जैसे तुम मुँह फेर लेते हो मुझसे
सुबह होते ही।

तभी अचानक
आसमान के दूसरे छोर से

नज़र चुराता सूरज
सुनहरी आभा के साथ उगता है

चाँद को विदा देते पल में
सूरज का आह्वान
जैसे तुम्हारी गर्वित उपेक्षा
ढीठ और आग्नेय...

शायद इसी कारण, हम,
जाने कब से एक दूसरे से
पीठ फेरे खड़े हैं...

तुम आओगे

जिस वक़्त अपनी बाँह के
गोल घेरे में तकिये की सिलवटों में
चेहरा छुपाए लेटी थी,
मेरी उँगलियाँ अनायास
अपने ही बालों के रूखे
अक्खड़पन पर उदास हो
थम गई थीं,
आँख की कोर से गिरकर
काजल का पनीला धब्बा
तकिये पर लिखे 'स्वीट ड्रीम' को
भिगो गया था,
बिस्तरे पर औंधी पड़ी मैं—
जिस्म थी बस
और मेरी रूह

प्रतीक्षाओं की दहलीज फलाँगने,
प्रयासरत।
अकेलेपन की अमावस,
अँधेरा और अँधड़,
और मेरी रूह
काली परछाई-सी
दहलीज की खूँट पर टँग जाती है।
तुम आओगे,
रिश्ते की किरणें
परछाईं को शरीर करती
कहाँ ले जाएँगी।
मैंने सोचा था
तुम आओगे तो
रूह के इस उलट-फेर का

किस्सा बयाँ करूँगी
पर तुम नहीं आए
और
रूह-परछाइयों का यह सफ़र,
अकेलापन
शून्य से शून्य तक
यूँ ही चलता रहेगा।
टूटे हुए रिश्तों की किरणें
बोलों के रूखेपन से
भरती रहेंगी
निरन्तर
यूँ ही...
बस यूँ ही...

तुम

ओह तुम, आज भी
बहाना क्यों खोज रहे हो
मुझ तक आने का
इतने वर्षों बाद भी क्या
व्यवस्थाओं की इस सांसारिकता में
चाहिए होता है तुम्हें
आमन्त्रण निमन्त्रण...दिखावा,
वैसी कुछ व्यावहारिकता?

अब तक तो मेरे तुम्हारे बीच
मिट गयी है स्त्री-पुरुष होने की, या
अपना पराया होने की सांसारिकता,
पहला दूसरा होने की गणनाएँ
सारा का सारा फासला, दूरियाँ,

ना ही शेष है कोई भौतिकता

नहीं मत बैठाओ गलतियों का तालमेल
क्योंकि कसौटी अस्तित्व नहीं होती
लड़ाकू लहरों की भयानक बाढ़ से गुज़रकर
कब की विसर्जित हो चुकी हैं

शुद्ध कटाक्षों की नौकाएँ...
फिर बहानों का विकल्प किसलिए?
रेत पर बने चरण चिह्नों को मुड़कर देखो
क्या बता पाओगे कौन-सा है तुम्हारा
कौन-सा है मेरा...
तुम्हें नहीं लगता प्रिय...
कि मैं और तुम...

मेरे तुम्हारे होने की...आने जाने की...
सारी सांसारिक क्रियाओं से...
कहीं ऊपर उठ चुके हैं...

तुम और मैं, मैं और तुम
समय के इस पड़ाव पर
अपने एक हुए स्वयं को...
एक ही लय में प्रवाहित पाते
वह नाद जो अनन्त-अनन्त तक
गुँजरित तथा असीम विस्तार में
कब का जाग गया है...
हमारे अपने शरीर में...

कमीज़

दीवार पर कमीज़ टँगी थी
कमीज़ जिसमें न बाँहें थीं
न कॉलर से उभरता कोई चेहरा
बस एक एहसास भर था
जिस्म के उसमें होने का
केवल खालीपन का एहसास
जो होने के सच से बड़ा होकर
खोखली हवाओं सा भर गया था
परन्तु कीली पर टँगी कमीज़
शरीर मुक्त है...
संसार की भीड़ में खड़ी मैं
नाम विहीन मेरा अस्तित्व
अपने 'मैं' से मुक्त होने को
फड़फड़ा रहा है...
कीली पर टँगी...शरीर विहीन
उस कमीज़ की तरह...

मैं सोच रही हूँ

जब कमरे में बैठी थी
तो सोच रही थी–
द्वार के उस पार
पार्क की बेंच पर बैठा वह
चुस्त-दुरुस्त बेचैन,
सपनीली बातों से दुलराता,
बात-बात पर उमगता,
देर से आने पर नाराज़ी, बरसाता,
फिर अनगिनत वार्तालाप, स्पर्श, मनुहार,
देह में रेंगता सुगबुगाता प्यार
बेसुधी तक जाती मादकता...रसधार।
आज भी कमरे में बैठी
सोच रही हूँ–
मेज़ पर फाइलों पर झुका

चश्मा चढ़ाए गम्भीर,
यह वह तो नहीं है
जिसके आलिंगन, टूटन भरती चाहें,
माँसलता, कुचलता पौरुष,
सख़्त पकड़, मुझे अभिभूत किए थी।
आत्ममुग्धता...लीनता
कितने घण्टे, कितनी रातें, कितने दिन
अनिर्वचनीय आनन्द।
कमज़ोर, उम्रदराज...बीमार
पतली कुहनियाँ टिकाकर
प्रार्थना में झुका
यह वह तो नहीं है—
संवेदनशील और डरपोक।
मैं कमरे में बैठी

सोच रही हूँ—
किसने छुआ उसे?
परिवर्तन या
गुज़रता हुआ समय
या उम्र?
प्रभावशाली है कौन,
किसका प्रहार—
बीता हुआ समय...या आने वाला कल?

गुफा

तुमने मुझे एक बेकार पड़ी
गुफा की तरह इस्तेमाल किया
जब जी चाहा मेरे भीतर पनाह ली
देह पर नाखूनों से खँरोच
बनाए भित्ति-चित्र
कभी सुलगाई आग
कभी धुआँ-धुआँ, किया विश्वास

तुम बाहर चले गए...
और मैं पर्वत की तलहटी में
अपने पथराए खोल में
निर्विवाद समाधिस्थ मुद्रा में
चुपचाप पड़ी रह गई...

और वह एक दिन
वह एक ऐसा दिन था
जब सूरज नहीं उगा था
मेरे शरीर का जादू
तुम्हारे सिर से उतर गया था
और मुझे आभास होने लगा
कि मैं...किसी कँटीली फाँस सी
तुम्हारे गले में अटक गई हूँ...

कल बिस्तरे पर पड़ी मैं
केवल एक जिस्म थी
आज उस नाटकीयता से उठ
अपने ही खोल में...
मैं, वास्तविक हो गई हूँ...
मेरी गुफा के अँधेरे में

भक् से जल उठा है आत्मविश्वास...

अपनी वापसी पर तुम
अँधेरे की आदी अपनी आँखों से
खोजते रहे मुझमें गुफा का द्वार
परन्तु तब तक मेरी अन्तरात्मा ने
गुफा के द्वार को तराशकर
एक प्रतिमा रूप में ढाल दिया...
तुम्हारी तलाश में आकार नहीं थे
थी तो केवल...लिजलिजी माँसलता...
परन्तु मैं अब आकार हूँ साकार
अपनेपन से उठकर कुछ होती हुई पूर्ण...

हाँ, यह भी जानती हूँ, कि,
तुम्हें क्या भगवान को भी
मेरे इस कायान्तरण की प्रतीक्षा नहीं थी

मेरे जाने के बाद

धरती से ऐसे उठती हूँ
जैसे कोई यान
आकाश की ऊँचाइयों में उड़ता है,
बादलों की तहों में सिमटता जाता है।
मैं भी एक बड़ी चिड़िया-सी
उड़ती चली जाऊँगी,
दूर...बहुत दूर...
ओझल और ओझल होती हुई
जैसे ज़िन्दगी और अदृश्य होती ज़िन्दगी के बीच
एक खाई-सी गहरा कर
तराश जाती है कोई शून्य।

जब तुम सुबह अपनी करवट बदलोगे—
बिस्तरे पर मेरे सोये बदन की सिलवटें,

तकिये पर मेरे बालों की हलकी रेखाएँ,
मेरे जिस्म की महक शायद मौजूद होगी।
मन्दिर में मन्त्रों के जाप और हवन के धुएँ में
उतरकर आती मेरी परछाईं
तुम्हारे अखबार पढ़ते चेहरे को घेर कर सहलाएगी।
चाय की गर्म वाष्प के पीछे
तुम्हारी आँखों में यादों की नमी होगी या नहीं
परन्तु मैं शायद जानना तब भी चाहूँगी–
वह सब
जो तुम छुपा रहे हो आज भी
मेरी धुँधली परछाईं से...
तुम्हारी परेशानियाँ...उलझनें
जो बता न पाए कभी भी।
साथ चलने की कसमें खाकर साथ चले थे

परन्तु वह साथ तो कभी नहीं था।
तुम्हारे प्लैनेट पर मेरा अस्तित्व
बस एक इच्छापूर्ति भर था।

सुबह के नर्म कोहरे में उगेगी किरण
मेज़ पर कार्यरत झुके तुम्हारे चेहरे को
सहलाएगी।
मैं सशरीर नहीं हूँ तो क्या,
सम्बन्धों के बँधन में नहीं हूँ तो क्या,
एक मुक्त बयार-सी तुम्हारे आसपास
संगीत की अदृश्य कम्पित झँकार-सी
मँडरा तो रही हूँ।
दृश्य नहीं हूँ तो क्या?
द्रष्टा हूँ—मूक चिन्तन,
शून्य में उगा अशून्य।

सन्नाटे के प्रश्न

सन्नाटे ने मुझसे पूछा
मैं कौन हूँ
बेटी, बहन, प्रिया, बहूरानी, माँ...
क्या?
बहुत-सी ध्वनियाँ मुझसे
रिश्ते जोड़ बैठीं,
बहुत-से नाम मुझ अनाम
को अस्तित्ववान बना रहे हैं।
मैं सन्नाटे की हवाओं में
उस नाम के सम्बोधन का सूत्र पकड़
तैर जाती हूँ
और सम्बोधन से जुड़ आए
कर्म में जुट जाती हूँ।
जीवन इतना ही है–

एक अनाम की सनाम यात्रा...
शून्य में धुँधलाते रिश्तों का
सारगर्भित निभाव
या कुछ और
सन्नाटे के प्रश्न!

सफ़र

सफ़र
ज़िन्दगी का...
या...रेलगाड़ी का–
रेल के डिब्बे में
सहयात्री-विहीन
बस मैं हूँ

तनहा

तनहा।
रेलगाड़ी के बाहर
अनगिनत चेहरे हैं...
मुस्कुराहट की परतें उखाड़ कर
असलियत जताते हुए।
अनेकों हाथ हैं
खाली हथेलियों पर
मित्रता की इबारत लिखते हुए।
मैं मुग्ध हो, उन हाथों में
हाथ देने को आतुर
खिड़की से बाहर
निमन्त्रण फैलाती
उँगलियाँ आगे बढ़ाती हूँ।
मुझे शून्य करता

रिश्तों का सूनापन
फीकी अर्थहीन मुस्कुराहटें
हाथों का ठण्डापन
और यात्रा को यात्रा में ढालता
रेलगाड़ी का सफ़र।
मेरे होने के सच से
न होने के सच से
ज़िन्दगी का सफ़र
तनहा।

वृंदावन

वृंदावन-1

सबसे अधिक आस्थावान
लगी थी मुझे...मीरा की भक्ति
वही मेरी प्रेरणा बन
ले आई मुझे वृंदावन...
तुम्हारी प्रतीति का आह्लाद
अनुग्रह...कम्पन
घुल गया मेरी विनयात्मकता में

उस पल मेरा रूपान्तरण
क्यों नहीं हुआ प्रभु

सूरज अग्नि का गोला नहीं
ताप नहीं...है जीवन्त अग्नि संगठन
करता है कंपित धरती का कण-कण

फिर मैं क्यों वंचित हूँ
तुम्हारे उस अनुभावित प्रकाश से...

तुम्हारी अनुकम्पा कठोर नहीं
तुम्हारी करुणा भी है अपरम्पार
तो क्यों नहीं जागती मेरी चेतना...
क्यों रह जाती हूँ मैं शारीरिक उपकरण
बाह्य ऊपरी सतह तक ठहरी हुई...

क्यों नहीं दे पाते तुम
एक पूर्ण जादुई संलग्नता...

जहाँ
सो गई है सामाजिक चेतना

एक गहरी नींद
कोई विकल्प नहीं जागता यहाँ
किसी सुधारवादी का
निरंकुश गहराती है
रहस्यभरी हर रात
कुचलती हुई...शरीर...आत्मा
जीवन...सपने...अस्तित्व
यह पवित्र भूमि
आप नहीं जानते
यही तो है वृंदावन

मेरे बाँके बिहारी

मेरे बाँके बिहारी
अपने पूरे मनोयोग से
रस्सी खेंचती हुई
तुम्हारा पंखा हो गई हूँ मैं
मन्दिर के गर्भग्रह में प्रवेश कर
हवा, हवा सी सरसरा रही हूँ–

मैं आँखें बन्द कर
केवल क्रियारत हूँ
देखना नहीं चाहती
पुजारियों के अंग खुजाते हाथ
ना ही वह सारी भीड़
जो धक्कों के साथ
अंग-अंग चिपकती

तुम्हारे पट खुलते ही
टूटती है आँधी सी...

मैं तुम्हारे इस मन्दिर की
कूड़ा बटोरती झाड़ू हो गई हूँ
बिना ऊपर देखे
बटोरती हूँ पैरों तले कुचले फूल...प्रसाद
भूल जाना चाहती हूँ
वह सारे सामूहिक बलात्कार
जो रात के अँधेरे में
यहाँ बैठे धर्म के दावेदारों ने
वसूले थे मेरी विधवा देह से...

पानी से रगड़-रगड़ कर
मिटा देना चाहती हूँ
ताज़े खून में सने
रोली अक्षत के लाल-लाल धब्बे
जो दोहराते हैं
हर रात की अनकही दास्तान

मेरे बाँके बिहारी
मैं जानती हूँ...पट्टाभिषेक के समय
तुम्हारी बड़ी-बड़ी आँखों में
घुला होता है उदासियों का काजल
आँसुओं से गीली होती है पोशाक

मेरे बाँके बिहारी...महाराज
मैं जानती हूँ...पंडितों के कुटिल हाथों से

नये वस्त्र धारण करते
पसीने-पसीने हो जाते हो तुम
मैं मनोयोग से खींच रही हूँ पंखा
कि तुम अपने मानवीय खोल से
लौट जाओ...प्रस्तर प्रतिमा की योनि में
क्योंकि यहाँ की कुटिलता...
असह्‌य है...पत्थरों के लिए भी

वृंदावन-2

किसी ने कहा
कश्मीर में बर्फ गिरी है
जम गई है धरती
जम गई है झील

यहाँ वृंदावन में
बर्फ कभी नहीं गिरी
फिर क्यों जम गई है आत्मा
जम गए हैं शरीर...

देखो तो
विधवा हो जाने की नियति
सिर मुँडाने की ज़बरदस्ती
क्या से क्या कर गई है

मुझे—मेरे अपनेपन को...
मेरी क्षत-विक्षत काया
जो न धरती है न झील
बर्फ-सी जमी रहती है हर पल

वृंदावन-3

उसने मुझे देखा
छुआ...कुछ ऐसे
जैसे कसाई
अपने बकरे की नाप तोल
करता है।
और फिर
वह मुस्कुराया

रात-भर मैं
उसकी मुस्कुराहट के
लिसलिसे लावे में
उबलती-फिसलती
किसी गहरी खाई के
अँधेरे नरक में
डूब गई

हम सब

अनगिनत हैं
हम सब
वराँडे के कोने में
गुमसुम बैठे हुए
क्या कहूँ किसी से
पूछूँ किससे
उसकी दास्तान

दुखते शरीर पर
फटी साड़ी
एक बहुत नुकीली
सर्द हवा
छेद रही है
पता नहीं क्या

कौन-सी सतह?

क्योंकि जिस्म पर
अब तो बित्ता भर भी
जगह नहीं बची है
खरोंच से खाली

शायद इसी लिए
इस वराँडे में धूप
कभी नहीं आती...

मेरा वजूद

भयंकर बीमारियाँ
पल रही हैं मेरे शरीर में
क्योंकि मैं उनके लिए
केवल एक सस्ता सा
खिलौना भर थी
मन बहलाने के लिए
एक वस्तु...बस...

इलाज मेरे लिए क्यों
किसी बेकार शरीर के लिए
घुन खाया वृक्ष...पल्लवित होता है क्या?
अनुपयोगी...अधमरा
कंकाल...
मेरा वजूद...

वृंदावन और हम

तुम्हें लगता है यह देह है
रोमांच विलुप्त हैं इस खाल में
देह नहीं यह संचयन है
सुन्न हो गए मेरे स्नायुकोषों का
मेरे हाथ...हाथ नहीं,
भीख को पसरी अंजुलि भर हैं
हमारे पैर...बिवाई फटे नंगे पैर
भूल चुके हैं...जहाँ उन्हें जाना था...
अपना गन्तव्य।

भजनाश्रम में गुँजायमान
तुम्हें लगता है ये जाप है?
नहीं, यह थोपा हुआ अभिप्राय है
क्योंकि हमारे होंठ भूल गए हैं
वह...जो हमें कहना था...
अपने शब्द।

वृंदावन-4

मेरी देह में कैद है
तूफान...झँझावात
नहीं तूफान नहीं आग
आग नहीं लावा
अधजला ज्वालामुखी

मेरी देह में कैद है
आँसुओं का दरिया
दरिया नहीं समुन्दर...
समुद्र जो बहता नहीं
ठहरा खड़ा है जाने कब से...

लावा हो या आग
आँसू हो या समुद्र

सब बहता है या जलता है
इसी देह के घनीभूत अँधेरे में
शायद इसलिए कि
हमारे लिए मुक्ति की
कोई किरण...कोई आसमान नहीं है
इस कायनात में।

वृंदावन की गोपी

भगवान का घर,
तीर्थ महान
गलियों के संकरे किनारे
नालियों में बहता कचरा
सड़ाँध मारता मलबा
टूटे हुए चप्पल
फटी हुई धोती
खून रिसती बिवाई
मैली काया

तुम नहीं जानते
मैं वृंदावन की गोपी
मैं वृंदावन की राधा

वृंदावन-5

मैं जैसी हूँ...
वैसी तो कभी नहीं थी...
जाना ना भी चाहूँ
खदेड़ दी जाती हूँ
कुछ कहने को ज़ुबाँ खोलूँ
दुत्कार दी जाती हूँ
खाली पेट पकड़
घाव भरे पैरों से
जा पहुँचती हूँ
बाँके-बिहारी के मन्दिर तक
हे कृष्ण...राधिका
तुम्हारी देहरी पर माथा टेकती
तुम्हीं से पूछती हूँ
इसी जन्म में
दूसरा जन्म
कोई लेता है क्या?

वृंदावन-6

रेल के डिब्बे में
पूरी रात सिकुड़ी बैठी
देखती रही सामने की सीट पर
माँ और बेटी को
दुलार...प्यार...मनुहार

मेरी माँ–
शादी के उन फेरों के बाद
मुझे गुलाबी जोड़े में विदा देती
कितना रोई थी...लिपटाकर
प्यार का निग था उसके आँचल में
गरमाई थी लाड़ की

मैं तो सफेद कपड़ों में
लौट आई
कुछ ही महीनों बाद
माँ तब भी रोई थी
पर उसकी लिपटन में
वह तपिश नहीं थी

शब्द भी नहीं थे उसके पास
लाड़-प्यार मुरझा सा गया था
बाबा के पास एक ही विकल्प था
रेल के डिब्बे में बैठाते समय
उसने कहा था...

जपना राधे श्याम
रहना वृंदावन।

खानाबदोश

मेरी इच्छा शक्ति पर
फैल गई है पकड़न खुरदुरे हाथों की
प्रेम क्या इसी झेलने का नाम है
बहता काजल...प्रसाधन
चलो वह भी मिट गया
विधवा हो जाना
जीने की एक और विधा
एक ओढ़ाई गई मजबूरी

इससे पहले मैं लेती कुछ फैसला
अपने लिए
दूसरों ने लिखा भाग्य लेखा...
माँ ने चुराई आँखें
बाबा ने मुँह फेरा

घर देहरी सब बदल गए

यह वृंदावन...तपोभूमि
एक नया परिवेश
एक नया क्लेश
एक ज़ोर-ज़बरदस्ती का
थोपा गया जीवन

वृंदावन...राधा-कृष्ण की रासभूमि
पावन...व्यंग्य...कठोर सत्य
एक सहमा हुआ शब्द रहित
अँधेरे में सरसराता भूत
चाहूँ न चाहूँ...
हो गई हूँ अब खानाबदोश...

बैताल पच्चीसी

जब से चलना सीखा है
लगने लगा है...
एक छाया है, मेरा अहम्...'मैं'
'मैं' जो एक विशालकाय प्रेत सी
अपने ही कँधे पर सवार
हमेशा अपने पर ही हावी...
मेरा 'मैं' 'वह' हो गया है...

अब मैं नहीं बोलती 'वह' बोलता है
मैं नहीं झगड़ती 'वह' झगड़ता है
हर सम्बन्ध के बीच
काँटे सा अटक जाता है
और तब रिश्तों की जटिलता
मुझे कचोटती है

ओ मेरी छाया तू आ
तू आ...
मेरे एकान्त में
मेरे अकेलेपन में
विसर्जित हो जा

ताकि मैं, अपनी वास्तविकता
जी सकूँ...एक शाश्वत

मातम

नहीं, ठहरो
किसका मातम...?
उस लावारिस
बेशिनाखत जिस्म का
जो ज़िन्दा होने पर
जागीर था सबकी
आज कुछ भी तो नहीं है...

नहीं ठहरो...
मर चुकी थी वह तो
उसी दिन, जिस दिन
नोटों की गड्डियों ने
बदले थे हाथ
ओ मेरे देश की बेसहारा औरत

कोई भी अफसोस
लाजिम नहीं है तेरे लिए...

नहीं ठहरो...
नीला है उसका गला
कुछ सच अटके रह जाते हैं
मृत शरीर में मरने के बाद भी
कब्र में उतारने से पहले
फैसला लेना है तुम्हें...

नहीं ठहरो...
जो बिक जाते हैं
मकबरे नहीं बनते उनके
कुछ भी नहीं ठहरता, उनके लिए...
न मौत...न वक़्त

ना ही कोई जलाता है दीया
किसी फालतू पड़े...
नामविहीन...मज़ार पर...

ओ मेरे देश की बेसहारा औरत
कोई भी अफसोस

लाजिम नहीं है तेरे लिए...
क्योंकि तुझे बेसहारा बनाने वाले
अपने-अपने महलों में कन्दील जलाए
मना रहे हैं तेरी ही मौत का जश्न

ओ मेरे देश की बेसहारा औरत
कोई भी अफसोस
लाजिम नहीं है तेरे लिए

मैं ही तो थी

बम्बई की उसी गली में तो था
मेरा घर
जहाँ फटा था बम
परिवार के सदस्यों के शरीर
चिथड़े-चिथड़े होकर बिखर गए थे

सुरक्षा की दीवारें...
बदल गई थीं मलबे के ढेर में
और...तनहा मैं,
पथराई खड़ी रह गई थी।

रेलगाड़ी के उसी डिब्बे में सवार
मैं ही तो थी
जिसके पहिये पटरी से उतरे थे

चूर-चूर होते दरवाज़े खिड़कियों में
कुचले थे सहयात्री...

चीखों और कराहों के बीच
दबी पड़ी रह गई स्मृतियों की पोटली
मैं...क्षत-विक्षत मैं
खून से नहाई खड़ी रह गई।
नाव के उस गले हुए फट्टे पर
मैं ही तो बैठी थी
जो यात्रियों को उतारती थी
इस पार से उस पार
ज्वार और तूफानी वर्षा के प्रकोप में
जल समाधि ले बैठा मेरा उत्साह

मेरा साहस मेरा आत्मविश्वास
गहरे पानी की तलहटी में
मैं...काँपती मैं
निर्वस्त्र खड़ी रह गई थी...

नासिक के महातीर्थ के
पवित्र जल में डुबकियाँ लेती
मैं ही तो थी
जहाँ फेंके गए सिक्कों के पीछे
भागे थे भूखे पेट भिखारी
कुचले गए थे औरतें और बच्चे...

धरी की धरी रह गई धार्मिकता
अस्पताल के बदबूदार कॉरीडोर में

ज़िन्दगी और मौत के बीच झूलती...
मैं कुलबुलाती भूख में...
कराहती पड़ी रह गई।

कारागार की घुप्प अँधेरी कोठरी में
बन्द...मैं ही तो थी
अपने देश की बेघर बेसहारा औरत
जो एक घर एक कारागार
से मुक्त होते ही पा जाती है
दूसरी उम्र कैद की सज़ा
या फिर बेचैन भटकती है उसकी आत्मा

पांडवों की सहगामिनी कुन्ती की तरह
ले लेती है एक गहरी हिमसमाधि

मैं बर्फ होती मैं
बर्फीली पहाड़ियों में
जाने कब से जमी पड़ी हूँ
ज़ंग खाई मजबूर दोनाली बन्दूक की तरह।

विदा का पल

वह गाँव की अकेली कोठरी थी
उम्र का वह बीमार पड़ाव
ढहती दीवारों का आखिरी आला
जिसमें तेल की आखिरी बूँद से
भीगी बाती को जलाकर
दीया धर दिया था मैंने

वह आखिरी शब्द था
गुमसुमी सन्नाटे से वार्तालाप
सुनसान अकेली रातों का
आँसुओं में बहता मन्त्राचार
वह अब आखिरी जाप था...
जो कर लिया था मैंने...

वह आखिरी चटाई थी
जो बिछा दी थी मैंने
वह आखिरी रोटी थी
अन्न के चुकते दाने की
जो खा ली थी मैंने
वह अधफटी आखिरी चादर थी
जो ओढ़ ली थी मैंने...

वह आखिरी विदा बेला थी
न टूटने वाले बेसब्र इन्तज़ार की
लेनी थी जो दूर शहर में बैठे
बेटे-बेटियों...उनके रूखे व्यवहार से

दीवार पर लगी पीली मटमैली तस्वीरों से
गहरे अपमान...सुनसान अकेलेपन से
विदा ले ली थी मैंने...

अब बस बन्द करनी हैं आँखें
आखिरी बार कहना है 'एक ओइमकार'
तुम हो या नहीं हो...नहीं जानती
दुस्साहस मेरा तुम्हारे प्रति...
बस आखिरी, विश्वास-अविश्वास
तुम जो कभी नहीं मिले, उससे भी
लो अब मुँह फेर लिया है मैंने...
तुम से, अपने से
अपनेपन से...

धुंध

सुबह खिड़की खोली
गुच्छा-गुच्छा धुंध
अरे...मैंने सोचा
रातभर तो
मैं लिखती रही थी
अफसानाए जुदाई
कागज़ पर उतारा था
जाने कब का संचित गुबार
मुड़ कर देखा तो...

मेज़ पर फड़फड़ाते पन्ने...
बिल्कुल कोरे थे
अक्षर विहीन
और धुंध खिड़की से घुसकर

कोरी हथेली पर
बूँद-बूँद टपक रही थी
जैसे घुट-घुट कर
रोता रहा है कोई...

ओस तुम

ओस तुम आँसू नहीं
आशीर्वाद हो...
हर वृक्ष के पत्ते पर
दूब की कमज़ोर बाँहों में टिके
मोतिया आभा से टिमटिमाते
तुम जुगनू हो
जो सूर्य की किरणों के फैलते ही
समा जाते हो घास की
दूबिया हरीतिमा में

ओस तुम दार्शनिक हो
समझाते हो...
डूब जाओ अपनी ही गहरी
जड़ों में...

कि पूरे दिन का उत्ताप
सहन करने की शक्ति
बनी रहे...
धारणाशून्य मन में

सत्य की समझ...सत्य का अनुभव
सत्य का प्रकाश...शबनमी उजास
भरी रहे...मन में आत्मा में

घास पर पैर रखकर चलती हूँ
गीलेपन को अपनी उँगलियों से छूती हूँ
घास के तृण हिलते हैं
परन्तु जैसे भीतर से कंपित नहीं होते
डोलते हैं पर अडोल

जैसे साध लिये हैं
घास और ओस ने
मेरे सारे दुनियावी द्वन्द्व

घास पर पैर रखकर चलती हूँ
गीलेपन को अपनी उँगलियों से
महसूस करती हूँ
मेरी आत्मा को छू लेता है
वह सुच्चे मोती जैसा जल
जैसे इशारा है गीलेपन का
जीवन में सब अपरिहार्य है, अनिवार्य
कितना भी तपे मन
कोई कुछ भी कहे
भीतर ही भीतर द्रवित रहना
ओस जैसा नमित
समर्पित रहना...

तितली

फूलों को फूलों की पूर्णता
रंगों में गुँथी सुगन्धता
फूलों को उनकी कोमलता
स्वभाव खुशबू बाँटने की सहृदयता
के साथ न जाना...देखा तो क्या फायदा...

तितली को उसकी चपलता
फड़फड़ाती बेचैन आतुरता
उसके पंखों की चितकबरी रचना
अस्तित्व...की भुरभुरी क्षण भंगुरता
के साथ न जाना तो क्या फायदा...

प्रकृति के सूत्र में उतरना था
हमें तो विराग अपनाना था

संसार के रचयिता ने की थी
इसी कारण सारी की सारी संरचना...
फूलों की तितली की...हमारी।
इसलिए कि राग में भटकते चित्त को
तितली का विराग समझा सके...

कि राग विधायक है विराग नकारात्मकता।

गुलमोहर

मेरा गुलमोहर का पेड़
हर सुबह ढेर सारे लाल फूलों से लद जाता है
पास आती हूँ तो खिलखिलाता है
मैं तोड़ लूँ फूल, डालों की बाँहें झुकाता है
अपने मन्दिर में भगवान के चरणों में
चढ़ाती हूँ जब उन्हें वह मेरी प्रार्थना में घुल जाता है

बहुत बार आँखें मूँदे बैठती हूँ तो
मेरे पास, कुछ है जो बरसाता है
आँखें खोलती हूँ तो अपने आसन के निकट
कुछ हरे पत्ते...बिखरे पाती हूँ
मैं उन्हें पूजा के नैवेद्य के साथ
मन्दिर की चौकी पर रख आती हूँ...
जाने अनजाने वह मेरे भावना जगत में

प्रवाहित हो जाता है...

घर बदलने की आपाधापी में
मन्दिर की प्रतिमाओं, चौकी, आसन, हवनकुण्ड पात्र
नये पूजागृह की सज्जा में बीते कुछ दिन
पूजा पर बैठी लाल फूल विहीन
मेरी आन्तरिक विच्छिन्नता में
सरसराहट के स्थान पर शून्यीकरण गहराया

उसी समय उठकर
मैं लौट पुराने घर के आँगन में
अपने गुलमोहर से मिलने चली गई
परन्तु...सूखी झरी पत्तियों के मध्य
ठूंठ उसका तना...ठिठुरा खट्रा खड़ा था

क्षमा कर दो मुझे...मैं उससे लिपट रोई
तुम्हारी रक्तिम आभा-विहीन मेरी पूजा भी तो
अधूरी है...अनुभूति विहीन
अचानक एक डाली की
उँगलियों की चार-पाँच हरी पत्तियों ने
मेरे आँचल को धाम लिया

मैं उस डाली को अपने नये बगीचे में
रोप रही हूँ...उगा रही हूँ उसकी जीवन्त संलग्नता को
क्योंकि ईश्वर के साथ-साथ उसकी व्यक्तिपरकता
में सम्मलित है, क्रिया और स्वत्व...
और इस कारण भी कि वह,
वह मेरे और मैं उसके भाव जगत में
प्रवाहित हूँ...पूजा के साथ-साथ।

आज धूप निकली है

आज बहुत दिनों बाद
धूप निकली है।
दिन के चेहरे पर बिखरी
उदासी की धुंध को
सूरज की किरणों ने
हौले-से पोंछा है
जैसे पूजा की थाली में
चुपके-से कोई
एक दीया जला गया है।

चिड़ियों का एक झुण्ड

चिड़ियों का एक झुण्ड
मेरे साथ-साथ उड़ रहा है।
पता नहीं कहाँ से आई हैं,
पता नहीं कहाँ जाना है—
अनजानी किसी आरामगाह तक।
आपस की दूरी
खूबसूरती से निभाती हुई...
दूरी स्पेस की नहीं
भावना, मन, इच्छाओं की
अपनेपन के एहसास को छूती हुई।
ये पक्षी
शायद वे सब पल हैं
जो साथ जिये हमने।
क्यों बदरंग हुए

क्यों छूट गए?
रिश्ते-नाते-अन्तरिक्ष-आकाश,
मिलने-बिछुड़ने का कटु एहसास,
उदासी, अकेलापन,
आकाश-हवा-बरसात
धुंधलाता वर्तमान
मृत्युग्रसित भविष्य
पक्षी-शून्य आकाश

विरूपीकरण

ऐ हवाओ, ऐ मौसम
आकाश...और...प्रकाश पुँज
तुम...माना परिर्वतन हो
विराट् हो...सुन्दर...तथा वीभत्स हो
मुझे छूते तल्लीन बनाते हो
तुम्हारे अस्तित्व की महानता
तीव्रता, अखण्डता, वेग, आक्रोश
सतत्...भूकम्प...प्रलय

मेरी आन्तरिकता पर
तुम्हारे परिवर्तित होने का
इतना गहरा प्रभाव क्यों होता है?
मेरे विरूपीकरण में,
तुम्हें इतना श्रेय क्यों पहुँचता है?

मैंने सोचा था, अपनी निर्मिति
मैं आप ही कर लूँगी
पर मैं जो हूँ
क्या सच! उसकी उत्तरदायी मैं खुद हूँ?

मरण-भय के कगार पर
मैं न शरीर हूँ
न मन हूँ...न वाणी
न तुम्हारा कारण हूँ
न कर्त्ता, न कर्त्ता अनुमोदक हूँ
न ही विद्यमान जगत से मोह है मुझे।

लो आज मैंने अपने अत्यांकित रूप को
सभी तादात्म्यों से बाहर खींच लिया है

तुम मुझे उबार लो,
बचा ले चलो यहाँ से

अपने अस्तित्व की चट्टान ढोते-ढोते...
मेरा पदार्थीकरण हो रहा है
तुम्हारा आक्रोश...भूकम्प...प्रलय
मेरे भीतर इतना क्यों धँस गया है
कि मेरा जीवन
उदासी...अकेलेपन और शून्यता के बीच
कहीं गुम हो गया है।

वह रास्ता...वह पेड़

वह रास्ता, उजाड़-सा वह रास्ता
बता रहा था, कभी बहुत पहले
वह राजपथ था...एक रास्ता
उसके दोनों ओर हरे-भरे पेड़ों की
लम्बी कतारें थीं, जिन पर फूल खिलते थे...
चिड़ियाँ गाती थीं...
बहुत कुछ गुज़रता था यहाँ से
यात्री, मोटरें, अनाज लदे ट्रैक्टर...
यह सड़क...भविष्य तक जाती थी...
सभी कुछ, तब तक, जब तक
सरहदों पर छूटी मिसाइलें और फटे बम
रास्ता बता रहा था, अपने उजड़ने की
वह लम्बी दास्तान...

टूटी सड़क के किनारे का...
छोटे-से टीले से पीठ टिकाए खड़ा
वह एकमात्र शेष बचा पेड़...
जिसकी पत्तियाँ कभी हरी नहीं होतीं
जिसकी पीली पत्तियाँ कभी नहीं झरतीं
अपनी डालियाँ हिलाकर बुलाने लगा
अचानक मुझसे बातें करने लगा था, वह पेड़...

पेड़ बता रहा था वह ठूँठ नहीं है
वह मरा भी नहीं है...
पत्तियों का क्या है, रंग न बदलें न सही...
परन्तु मुझे छोड़कर नहीं जातीं...
जैसी भी हैं मेरे सुख-दुख की साथी हैं
गवाह हैं उन दिनों की जब हम खुशहाल थे...
तभी तो मैं न झुकता हूँ न नमता हूँ...

क्योंकि छोड़ी गई मिसाइलें...देश की
शक्ति की गवाह होती हैं
तभी तो गर्वित हूँ...तना खड़ा हूँ
गिरूँगा भी नहीं...क्योंकि ठूँठ बनकर
घुटनों के बल चलना...मुझे कतई स्वीकार नहीं...

पेड़ की छाया में सोया वह छोटा-सा टीला
बताने लगा वह टीला क्यों बना?
जब बम बरसते थे यहाँ खतरे की ज़ोन थी
और मेरा अस्तित्व टीला नहीं गहरी खाई था
सभी लोगों से ताकीद की गई थी
धमाके की आवाज़ पर खुदे हुए
इस तहखाने में छुपा लो अपने को
और सच कहूँ...टीले ने आँसू पोंछ कहा
जो भी मुझमें छुपा, धमाकों के डर से मर गया

मैं टीला नहीं सामूहिक समाधि हूँ
कब्र हूँ उन सबकी जो बेकफ़न सोये हैं
और जिनके लौटने की प्रतीक्षा में आज भी
उनके घर-परिवार के लोग
उम्मीद का दीया जलाए बैठे हैं...

मेरे पास आँखें हैं, पेड़ ने कहा
मेरी आँखों में चमकती रोशनियाँ भी हैं...
और जमे हुए ख्वाब भी...
रोशनियों में सभी कुछ देख लेता हूँ
अन्दर-बाहर...सभी कुछ...
और सपने देखता हूँ उस दिन के
जब टीले के नीचे मरे हुए लोग
उठकर बाहर आ जाएँगे
वस्तुओं के ब्रह्माण्ड में खोया हुआ सच

सम्भावनाओं के वस्तुजगत में
जाग उठेगा...
उस दिन मेरे पत्ते फिर से हरे होंगे
फूल बरसाएँगे...ऋतुराज...और...
जीवन की सभी त्रासद असंगतियों से बचकर
यह रास्ता सुखद भविष्य का द्वार बन जाएगा।

जाएगा यह रास्ता मानव-स्वतन्त्रता की
खुली राह पर...
जहाँ युद्ध-बम या मिसाइल नहीं...
सीमा में असीम सत्य, असीम सुख
अपनी ध्वजा फहराएगा...
यह रास्ता...यह टीला...यह कब्र...
देखेगा एक नया सपना...नया सच।

रेत पर पैर रखते हुए

रेत पर चलें...रेत पर पैर रखते हुए
मुड़कर देखें तो...अपेक्षित चित्र तो क्या
रेत पर पैरों के निशान भी नहीं होते...
रेत ढह जाती है अनिश्चितता में
बिखर जाती है एक बार फिर रेत हो जाने के लिए।

नाकाबिल है रेत सपनों का महल बनाने के लिए
क्योंकि रेत के कण का होता है स्वतन्त्र व्यक्तित्व
उनकी अपनी जवानी, अपना ही जोश होता है
जो निरन्तर उनकी छाती पर चमका करता है
तभी तो जुड़ता नहीं एक कण दूसरे से
बिखर जाता है एक बार फिर रेत हो जाने के लिए।

बदरंग है रेत रंगों की दुनिया में प्रवेश पाने के लिए
किसी भी व्याकुल अभिव्यक्ति-सा उसका छोर
हाथों में पकड़ाई कहाँ आता है...
तटों का नामकरण तो किया जाता है सुविधा के लिए
रेत का तो कोई नाम नहीं होता
उसका हर छोर होता है अनंतता में विलीन होने के लिए
बिखर जाता है एक बार फिर रेत हो जाने के लिए।

मेरे पास वह भाषा भी कहाँ होती है
रेत से सअर्थ संवाद कर पाने के लिए
पर जब भी रेत को हाथ में उठाकर
उसकी चमक, उसकी रहस्यात्मकता से पहचान गढ़ती हूँ
रेत की ऊष्मा, आग्नेय चुनौती-सी उठ खड़ी होती है...
मैं प्रयासरत हूँ कि उसकी तपिश में जल मिला सकूँ

प्रकृति में मानव-प्रकृति की ऊर्जा घोलने के लिए
परन्तु बिखर जाती है रेत एक बार फिर रेत होने के लिए।

रेत की कच्ची गुफा में
भरा है कठोर अँधेरा और उत्सुक बेचैनी
इससे पहले कि ढह जाएँ रेत की दीवारें
प्रयासरत हूँ कि अपने दिनों के सफ़रनामे में
बीती घड़ियों के पुराने सफ़े पलट सकूँ
सच कहूँ इस रेत में मुझे ढूँढ़ना है अपने को ही...
वैसे ही जैसे बिखर जाती है रेत फिर एक बार
फिर एक बार रेत हो जाने के लिए।

रेत और मैं

मुझे लगता है
रेगिस्तान की रेत
मेरी वास्तविकता है।
तभी रेगिस्तान मुझे
हर पल बुलाता है
और मैं चली जाती हूँ
कड़ी धूप में
नंगे पैर
रेत के तपते अस्तित्व में
समर्पित होने।
परछाईं भी मेरे साथ
नहीं होती।
एकात्म उन पलों में
कभी तो

रेगिस्तान जलमय हो
प्यास बुझाता है,
कभी
अग्निमय हो
मुझे तपाता है।

चमत्कार तो होते हैं
कभी-कभी
तभी तो ईसा
पीठ पर ठुकी
अपनी सलीब छोड़कर
धरती पर उतर आते हैं।
कभी-कभी
टूटे हुए सपने

सच होते हैं,
वायु में सार्थकता झूलती है।
रेगिस्तान का विकल्प—
आग का दरिया और फूल,
अविश्वास पर विश्वास
रेत और मैं
अवास्तविकता की वास्तविकता।

अकेलापन–एक

अकेलापन
मेरे पीच-ब्लासम जैसा है
जिस पर फूल नहीं लगते।
हर बगिया में फूल ही फूल
और मैं
ठूँठ ही ठूँठ पोसती हूँ।
कैसी संवदेना!
न तो काट सकती हूँ,
न ही प्यार कर पाती हूँ इन्हें।
तिस पर
मेरा कोई भी अंसुआया निमन्त्रण
इसकी जड़ों में
वह सींच नहीं दे पाता
जो इसके नंगे अस्तित्व को
फूलों के आँचल से ढंक
रंगीन बना सके।

अकेलापन–दो

अकेलापन–
धुएँ से भरा कमरा,
ऐश-ट्रे में मुड़े-तुड़े
सिगरेट के टुकड़े,
अधजले स्वप्न,
पूरे जले राख हुए
अरमान,
अनकहे जज़्बात
छुपाती आँखें,
भोगे हुए क्षण,
गाल पर रुके
आँसू,
बन्द परदों को सहलाता
वर्तमान
अकेलापन।

मेरा होना

अकेलापन
एक घाटी है—
उसका ढलान
दूर तक उतरता चला जाता है
अतल गहराइयों में,
जहाँ रुकते ही
कुछ हाथ आता है
अपने होने का रहस्य
उसकी सार्थकता
यथार्थ

अकेलापन
फूलों की घाटी है—
फूल रंगीन, सुगन्धित

पर जाने क्यों
पारदर्शी हैं
शीशे जैसे,
शायद इसलिए कि
उनके माध्यम से
अवलोकित हो जाए
वह जो
भौतिकता के पीछे छुपी है—
अपने अस्तित्व की
रहस्यात्मकता,
उसकी सार्थकता,
यथार्थ,
मेरा होना।

मेरा पड़ाव

अपने अकेलेपन में
जब अन्धकार घेरता है मुझे
बेचैनी...उदासी...आँसू
तुम्हारे निकट ले आते हैं मुझे

अकस्मात् बोध होता है मुझे
कि मैं जी नहीं रही
टकरा रही हूँ बार-बार
उस दीवार से जहाँ
कोई दरवाज़ा नहीं है
खींच रही हूँ रेखाएँ जल पर
जहाँ कभी कोई आकृति नहीं बनती...

मेरे मन्दिर के सूनेपन में
अचानक झलमल हो आती है तुम्हारी प्रतिमा
दरवाज़े से कुछ है जो प्रवेश करता है...
आकृतिविहीन अनजाना सा अपनापन...

मैं जो व्यवस्था को अधूरा मान रही थी...
सम्भूत की अपनी नियति को भी।
और सम्भूत के मध्य उगता
मेरा चिन्तन
जो मुझे मेरे अपने अधूरेपन से
उठाकर ले आता है...
भाग्य के खुले दरवाज़े तक...
जहाँ सम्भूत ब्रह्म की मूर्त व्यवस्था
मेरा पड़ाव है...जीवन का गन्तव्य...

अकेलापन गीत है

एक तो
अकेलापन,
दूसरा एकान्त।
चारों तरफ भीड़
पर मन का सुनसान।
बहुते-से बुलावे
पर तुम्हारा पत्र बेनाम।
क्लब, बाज़ार, अखबार
दिल बहलाने के
सारे उपक्रम बेकार।

अकेलापन...नीरस
अकेलापन...भौतिक
अकेलापन...मानसिक

नहीं, अकेलापन गीत है,
अव्यस्तता की शान्ति,
सब कुछ भूल कर
अपने लिए गुनगुनाकर
गाते जाने की...
या फिर मौन में
चुप रहने की
ध्यान-अवस्था।

एक सुगन्ध उठती है

एकाकी मेरा मन
अकेलेपन के उस अद्‌भुत पल में
जहाँ भी ठहरता है
वहाँ पाँचों ज्ञानेन्द्रियाँ भी
स्थिरता में रुकती हैं।
तर्क-वितर्क सन्नाटे की
चादर में दुबक जाते हैं।
अकेलेपन के उस प्रहर में उपजी
सुबह की पहली किरण,
सन्नाटे से फूटता नाद,
सुनसान वह रास्ता
जिस छोर पर मुड़ता है
वहाँ और कोई नहीं होता
परन्तु अचानक

अकेलेपन की उस द्विविधा में
एक सुगन्ध उठती है
और सारा का सारा अस्तित्व
ईश्वर हो उठता है।

प्रतिच्छाया

अकेलापन
मेरे लिए मात्र एक
परिस्थिति है,
एक ऐसी अवस्था
जिसमें अपने सम्मुख
एक दर्पण रखा जा सकता है।
प्रतिच्छाया
और उसके रूप—
जो एकाएक
देते हैं
स्वतः स्फूर्त प्रकाश,
आँखों का उन्मीलन,
कि अपने को
अपने जैसा
देख सकूँ।

रहते जाने पर

संसार में रहते जाने पर
मेरे हाथ लगी थी
बस
मोह की मरीचिका
और मैं जान लेने में लगी रही कि
मोह की वास्तविकता
और वास्तविकता के इन्द्रजालिक रूप का
सच क्या है?
और उस उलझन में
लगाव की एक उम्र
गुज़र गई...

अब
मेरे यूँ अकेले छूट जाने की

बस यही एक उपलब्धि है
कि मेरे उन अकेले पलों में
मेरे साथ अपने स्व के अतिरिक्त
दूसरा कोई नहीं होता।
अलगाव के बाद
उम्र के इस पड़ाव पर
यात्राओं की अंत्येष्टि के दिन
और कुछ तो
अपेक्षित था भी नहीं।

रेगिस्तान की यात्रा

रेगिस्तान की मेरी यात्रा
सदियों से साथ निभा रही है।
अपने सच का सलीब
कन्धे पर लाद कर
रेत पर कदम-कदम
चलती ही तो जा रही हूँ।

मेरी एक आँख कहती है—
सभी सच है।
दूसरी कहती है...
सच कुछ भी नहीं,
सब झूठ ही झूठ है।

और मैं
घड़ी के पैंडुलम-सी
सच और झूठ के बीच
झूले जा रही हूँ...

जानती हूँ
रेगिस्तान की रेत पर
झिलमिलाता जलकुण्ड
मृगतृष्णा है...
फिर भी उसे आशा-स्रोत मान
चलती चली जा रही हूँ।
मेरे साथ परछाइयाँ हैं।
अनाम सायों को मित्र की संज्ञा दे कर
चलती चली जा रही हूँ...

मेरी एक आँख कहती है—
सभी कुछ सच है।
दूसरी कहती है—
सच कुछ भी नहीं,
सब झूठ ही झूठ है।

अदृश्य सम्बल

अगर मनुष्य
अपने और भगवान के मध्य
अकेलेपन का
एक गहरा जलावर्त तराश ले
तो यह जलावर्त
मात्र अकेलेपन का न रहकर
भय के काले धुएँ-सा फैल जाएगा
और जीवन को अन्धकार में ठेल जाएगा...
परन्तु यदि तभी
भगवान पर किए विश्वास का
अदृश्य सम्बल
हाथों में बल बन सिमट आए
तो भय दरवाज़े के बाहर
चुपचाप खड़ा रह जाएगा

और अकेलेपन के जलावर्त में
उठे तूफान की ध्वनि
मन्दिर की घंटियों में
गुँजरित हो जाएगी—
गुनगुनाएगी कोई भक्तिगीत
और जलावर्त की धरती को
पूजा के फूलों से ढंक जाएगी।

तुम्हारे दो चरण

जब भी यादों के पन्ने पलटती हूँ
वहाँ रुकती हूँ
जहाँ तुम्हारा जीवन्त चित्र
आज भी खिंचा है,
अपनी छोटी-सी
जी हुई
अकेलेपन की ज़िन्दगी
जाने क्यों
पवित्र-सी हो उठती है।
दिन-प्रतिदिन की
दिनचर्याएँ,
अवबोधन
भक्तिपूर्ण अनुभवों में
परिवर्तित हो जाते हैं।

कहीं भी जाऊँ मैं,
किसी भी राह पर,
लगता है—
तुम्हारे दो चरण
साथ-साथ
जुड़ते हुए
मेरे साथ चल रहे हैं।

प्रार्थना

चलो
प्रार्थना करें
कि यह अकेलापन
हमें प्रोत्साहित करे
उस अपूर्व प्राप्ति के लिए
जिसके लिए हम
खुशी से जी सकें
और
खुशी से मर सकें।

धुआँ

सड़क के दोनों ओर
सूखे पत्ते के ढेर में
कोई आग सुलगा गया है
पूरी सड़क पर
धुआँ ही धुआँ छा गया है।
धुएँ के गुबार में
खोते चले जाते हैं
गुज़रते यात्री
इस धुएँ के बादल से
बड़ी पुरानी है मेरी पहचान।
चेतना का कोई अज्ञात पन्ना मुड़ता है
तो मेरी यात्रा का छोर
यहाँ आकर जुड़ता है।
जीवन में धुआँ
और धुएँ में जीवन

की पहेली सुलझाती हुई
पहुँच गई हूँ, इस बिन्दु पर
जहाँ लगता है
जीवन और मरण के बीच
सिर्फ चिताएँ हैं
धू-धूकर जलती हुई
जिनके किनारे बैठी हूँ मैं निरर्थक खोज रही हूँ
जीवन सुख।
राह भूल गयी हूँ कि
एक बार, हाँ और अभी एक बार
होना है मुझे धुआँ
और शायद वही होगा
अन्तिम विश्राम
शान्ति का धुँधला
मगर स्थायी विस्तार

□□□

मुद्रक : लक्ष्मी प्रिंटइंडिया 556 जी.टी. रोड, शहादरा, दिल्ली-32